불황에도 매출 10배 올리는
상위 1% 공인중개사의 마케팅 비법

불황에도 매출 10배 올리는

상위 1% 공인중개사의 마케팅 비법

이미란 · 강숙현 지음

매일경제신문사

서문

상위 1% 공인중개사, 정말 가능할까?

블로그나 카페, 유튜브를 통해서 계약한 분들이 너무 기뻐서 연락을 주실 때면 마치 내가 계약을 한 것처럼 정말 좋았다. 사업 실패 후 죽음의 문턱에서 부동산 중개업을 통해 안정적인 매출로 새 인생을 살고 있는 분, 매출이 거의 없어 폐업 직전인 부동산 중개업소가 온라인 마케팅을 시작하면서 3개월 만에 매출이 오르기 시작해서 6개월 차에는 월 매출 6,000만 원을 넘기는 초대박 사례를 지켜봤다. 그러면서 절망적인 상황에서 힘들어하는 부동산 중개업 종사자분들에게 포기하지 말고, 희망을 가지고 도전하기를 바라는 마음으로 이 책을 쓰게 되었다.

공인중개사 합격 후 준비 없이 창업을 한다면 비싼 수업료와 아까운 시간을 낭비하게 될 것이다. 경험이 없기 때문에 무엇을 준비해야 하는지, 무슨 교육을 받아야 하는지 막막할 수 있다. A급 상권에 부동산 중개업소를 창업하면 막연히 잘될 것이라 생각할 수도 있으나, 경험 부족으로 비싼 임대료를 감당하지 못해 문을 닫게 될 가능성이 높다. 이러한 상황에서 성공 확률을 높이려면 창업 전 최우선순위에 온라인 마케팅에 대한 학습과 준비를 둬야 한다.

　취업의 경우도 마찬가지다. 부동산 중개업소는 고정급여가 아니라 대부분 실적에 따른 실적급여 체계이기 때문에 아무런 준비과정 없이 취업을 하면 소득 없이 허송세월만 하게 된다. 그럼 가장 먼저 뭘 준비해야 할 것인가? 바로 나만의 마케팅 무기를 미리 배우고 준비해야 바로 소득으로 이어질 수 있다.

　부동산 거래 절벽에도 움직이는 실수요자가 있다. 즉, 지금도 계약서를 쓰고 있는 중개업소가 있다는 이야기다. 그 사무실은 대체 무슨 마케팅을 하는데 고객이 오는 것일까?

　지금 고객은 어디에 있는가? 발품 팔던 시대는 가고, 사람들은 이제 컴퓨터나 스마트폰 검색으로 매물을 찾고 있다. 이제는 앉아서 기다리는 시대는 갔다. 고객이 있는 곳을 찾아가야 한다. 즉, 고객은 온라인에 있으며, 고객이 있는 온라인 마케팅에 주력해야 한다. 급속도로 발전하고 있는 IT환경에 맞춘 마케팅을 해야 살아남을 수 있다.

　부동산 중개 시장은 전쟁터나 다름없이 치열하다. 하지만 온라인으로 가면 경쟁자는 대폭 줄어 대다수의 지역에서 온라인에서 잘나가는 부동산 중개업소는 5개 이하인 지역이 대부분이다. 왜냐하면 아직도 공인중개사 대부분은 컴맹 수준에 가깝기 때문이다. 그렇기 때문에 후발주자도 미리 준비한다면 10년, 20년 자리 잡은 경력자를 이길 수 있는 것이다.

　온라인 마케팅의 기본은 네이버다. 포털 점유율이 가장 높은 네이버를 통해 많은 사람들이 검색하기 때문이다. 네이버 검색창에서 부동산 매물을 검색해보라. 검색결과에 본인의 매물이 나올 수 있도록 할 수 있는 모든 마케팅을 해야 하고, 만약 검색될 수 있는 방법을 모른다면 반드시 배워야 한다. 마케팅 기반을 탄탄히 다진다면 성공할 확률이 높아질 것이다.

특히, 네이버를 위협하고 있는 유튜브는 50대가 가장 오랜 시간 이용하는 앱이다. 이제 유튜브를 주목해야 한다. 부동산의 주 고객층은 40~50대이기 때문이다. 하지만 유튜브에서는 부동산 중개업 경쟁자가 전무한 상태다. 여기에 새로운 기회가 있다. 얼른 도전해서 평생 직업으로 자리 잡을 수 있는 기틀을 마련하기를 추천 드린다.

정부규제와 불황으로 어려움을 겪고 있는 부동산 중개업 종사자에게는 돌파구가 되고, 창업이나 취업을 준비를 하고 있는 예비 부동산 중개업 종사자는 자신감을 가지고 뛰어들 수 있도록 매출을 획기적으로 올려주는 마케팅 방법을 이 책을 통해 안내하고 싶다.

이미란, 강숙현

차례

서문 • 005

왜 불황에도 상위 1% 공인중개사는 매출을 10배 올릴까?

1. 상위 1% 공인중개사는 불황에도 블루오션 마케팅으로 매출 10배 올린다　014
2. 상위 1% 공인중개사는 불황에도 공짜 광고로 매출 10배 올린다　018
3. 치열한 부동산 중개업, 하지만 온라인 경쟁자는 아직도 5명　022
4. 상위 1% 공인중개사는 노력과 끈기로 매출 10배 올린다　026

불황에도 매출 10배 올리는 상위 1% 공인중개사의 마케팅 비법

1. 한발 앞선 온라인 마케팅으로 40년 토박이 이기다　034
2. 진솔한 글로 폐업 직전에서 월 6,000만 원 초대박 나다　038
3. 차별화된 전문성으로 블로그 방문자를 열성팬으로　042
4. 디테일한 블로그 운영으로 10명이 오면 9명 계약　046
5. 3개월이면 20년 베테랑 이기는 마케팅　050

PART 3
부동산 블로그, 선택이 아닌 필수!

1. 부동산 블로그 개설하기 — 056
2. 블로그 디자인과 부동산 맞춤 카테고리 메뉴 설정 — 061
3. 블로그 상위노출 비법 — 067
4. 매출을 올려주는 부동산 맞춤 키워드 찾기 — 073
5. 검색엔진이 좋아하는 글쓰기 — 077
6. 초간단 사진 편집, 동영상 제작 노하우 — 083
7. 저품질을 피해 블로그 운영하기 — 088
8. 매출 10배 올리는 부동산 블로그 운영비법 — 093

PART 4
블루오션, 유튜브 부동산 스타되기

1. 부동산 유튜브 채널 개설 — 100
2. 동영상 제작을 위한 초간단 준비물 — 104
3. 저작권 걱정 없는 음원, 사진, 동영상, 글꼴 — 108
4. 매물, 브리핑 동영상 촬영하기 — 112
5. 썸네일이 내용보다 중요하다 — 116
6. 쉬운 동영상 편집 알아보기 — 120
7. 부동산 스타로 매출 10배 올리기 — 125
8. 네이버TV, 카카오TV — 129

PART 5
직접하면 광고비 Down, 효과 Up! 키워드광고

1. 부동산 맞춤 키워드광고 전략	136
2. 파워링크 광고주 가입하기	140
3. 매출을 올려주는 부동산 맞춤 키워드 추출하기	145
4. 파워링크 광고 직접 등록하기	151
5. 클릭을 부르는 광고문구 만들기	160
6. 매출을 올려주는 랜딩페이지 설정	165
7. 광고예산 및 리포트를 분석을 통한 효율적 광고전략	169

PART 6
검색 포털 장악해 매출 10배 끌어올리기

1. 부동산 포털, 부동산 앱	176
2. 지식인 마케팅	180
3. 카페 마케팅	185
4. 이미지, 동영상 마케팅	189
5. 스마트 플레이스 마케팅	193
6. 네이버 포스트 마케팅	197
7. 인스타그램, 페이스북	201

PART

왜 불황에도 상위 1% 공인중개사는 매출을 10배 올릴까?

1 상위 1% 공인중개사는 불황에도 블루오션 마케팅으로 매출 10배 올린다

트렌드의 변화를 먼저 읽어야 치열한 부동산 중개업 시장에서 살아남을 수 있다. 최근 몇 년간 콘텐츠 소비 트렌드가 서서히 바뀌고 있다. 텍스트 위주의 콘텐츠 소비에서 이미지, 동영상 위주의 콘텐츠 소비로 바뀌면서 인스타그램과 유튜브로 사용자가 이동하고 있다. 따라서 변화하는 트렌드에 발 빠르게 대처하지 않으면 안 된다.

8년 전 블로그 교육을 통해 인생이 바뀌었다는, 부산 명지국제신도시에서 중개업을 하는 교육생이 최근 《701호 아줌마에서 기본 7천만 원 버는 공인중개사 워킹맘》을 출판했다고 책을 보내주셨다.

당시 블로그를 운영하는 부동산 중개업소는 많지 않았으며, 특히 지방에서는 블로그를 운영하는 부동산 중개업소가 전무한 상태였다. 평범한 전업주부로 살다가 부동산 중개업으로 뛰어든 초보 공인중개사 시절, 호락호락하지 않은 현실에 좌절하던 중 블로그 교육을 통해 본인만의 차별화된 무기를 만들 수 있었다고 했다. 블로그를 통한 매출 향상으로 공인중개사로서 날개를 달 수 있는 기반이 되었다. 지금은 안정적인 매출과 더불어 책을 출판한 저자가 되었으니, 너무 기쁘고, 감동적인 사연이다.

약 7~8년 전 부동산 중개업에서 블루오션 마케팅으로는 단연, '블로그 마케팅'이었다. 부동산 중개업 블로그는 경쟁이 치열하지 않아 상위 노출도 쉬웠고, 효과 또한 엄청났다. 부동산 중개업 종사자 대다수의 연령대가 높아 컴퓨터 사용이 미숙해 블로그를 운영할 엄두도 못 낼 때 상위 1% 공인중개사는 블로그를 통해 엄청난 매출을 올렸다. 블로그에 포스팅한 글이 몇 개 올라가지 않았음에도 불구하고, 교육 중에 포스팅한 매물 글을 보고 계약했다는 분들이 꽤 있었던 것으로 기억된다. 물론 지금은 블로그가 레드오션 마케팅으로 변했지만, 아직도 다른 업종에 비해 부동산 중개업에 있어서는 블로그가 그다지 치열하지 않으며 여전히 효과도 좋다.

부동산 중개업에서 현재 블루오션 마케팅은 무엇일까? 단연 유튜브다. 유튜브가 다른 업종에서는 이미 레드오션으로 진입한 업종도 많지만, 부동산 중개업에서는 이제 막 시작되고 있는 마케팅이다.

1년 전 유튜브를 시작한 교육생은 유튜브에 올린 매물로 상담전화가 폭주해서 성대결절이 올 정도로 폭발적인 반응을 일으키고 있으며, 또한 바로 계약으로 이어져 엄청난 매출 상승으로 이어지고 있다. 최근 유튜브를 시작한 교육생 중에는 동영상을 2개 올렸는데, 2개 중에서 1개가 계약되었다고 너무 좋아했다.

토지와 전원주택 분야에서는 다른 유·무료 마케팅을 통틀어 월등히 유튜브 마케팅의 효과가 좋은 편이다. 불황으로 다른 중개업소들은 계약을 거의 못하고 있는데, 유튜브 마케팅을 하는 중개업소는 유튜브를 하기 전보다 몇 배의 매출을 올리고 있다. 주택이나 상가 등 부동산 중개업의 모든 분야가 빠른 기간 내에 유튜브 마케팅 효과가 향상될 것으로 예상된다.

최근 몇 년간 유튜브 사용자가 폭발적으로 증가했고, 또한 50대의 유튜브 사용시간이 전 연령층을 통틀어 가장 많다는 통계가 나왔다. 부동산 중개업의 주 고객층은 40~50대다. 40~50대가 유튜브에 모여 있으므로, 고객이 있는 유튜브로 찾아가서 마케팅을 해야 한다.

자료 1-1　한국인이 오래 사용하는 앱

출처 : 와이즈앱

자료 1-2 한국 50대 이상이 가장 오래 사용하는 앱

출처 : 와이즈앱

　두려워하지 말고 도전해야 한다. 대다수의 공인중개사들이 온라인 마케팅 공부를 하면서 하는 말이 "진작 할걸!"이다. 최근 블로그 운영 한 달 만에 2건의 계약을 한 부동산 중개업소 대표님은 5년 전에 블로그를 하려다 컴퓨터가 자신 없어서 포기했는데, 그때 포기하지 말고 블로그를 했어야 했다고 하시면서 너무 안타까워했다. 5년 동안 낭비한 시간을 생각하니 너무 아쉬워했다. 해야 하는 것을 알면서도 미루고 있었다면 하루라도 빨리 도전하기를 바란다. 아직도 기회가 있다. 아직 경쟁자가 거의 없는 블루오션, 바로 이 유튜브에 상위 1% 공인중개사로 진입할 기회가 있다. 상위 1% 공인중개사들은 이렇게 효과 좋은 마케팅을 놓치지 않고 내 것으로 만들었다는 것을 명심하자.

2

상위 1% 공인중개사는 불황에도 공짜 광고로 매출 10배 올린다

부동산 경기 침체로 부동산 중개업소는 광고비가 부담스러운 상황이다. 부동산 광고는 네이버 부동산, 직방이나 다방, 키워드광고 등 만만치 않은 광고비가 소요된다. 하지만 광고비가 부담된다고 해서 광고비를 줄이게 되면 매출이 줄어들기 때문에 이러지도 저러지도 못하는 난처한 상황이 된다. 그렇기 때문에 유료광고에 전적으로 의지하면 절대 안 된다. 유료광고도 병행해야 하지만, 장기적으로는 무료광고로 전환해야 안정적인 사무실 유지가 가능하다.

중랑구의 A개업공인중개사는 블로그를 통한 매출이 대폭 늘면서, 그동안 해왔던 유료광고는 모두 내렸다고 한다. 마포구에서 고시원 전문 중개를 하는 분은 다른 광고 전혀 없이 블로그를 통해서만 마케팅을 하고 있는데, 블로그 손님도 너무 많아 감당이 안 된다고 한다. 상위 1% 공인중개사는 유료광고는 최소화하고, 무료광고 채널 활성화에 주력한다. 무료광고를 통한 매출이 전체의 90% 이상을 차지하는 곳도 많다.

부동산 중개업소에서 운영할 수 있는 무료광고 채널은 정말 많다. 포털 점유율이 높아 마케팅 효과가 좋은 네이버에서 운영 가능한 무료채널은 블로그, 카페, 지식인, 네이버TV, 포스트, 지도, 이미지, 동영상, 웹사이트, 연관검색어, 검색어 자동완성 등이 있다. 한편 다음에서도 네이버에 준하는 마케팅 채널들이 존재한다. 그 외 유튜브, 페이스북, 인스타그램, 트위터 등 무료 마케팅 채널은 너무나 많다. 하지만 이 모든 무료 마케팅을 전부 다 할 수는 없으므로, 가장 가성비 좋은 마케팅을 정해 마케팅을 해야 한다.

부동산 중개업에서 여전히 가장 효과 좋은 마케팅은 네이버 블로그다. 무조건 해야 하는 마케팅 1순위가 블로그다. 블로그가 상위노출되고 효과가 나타나기 시작하면, 그 어떤 유료광고보다 가장 효과가 막강한 마케팅 도구가 된다. 네이버 블로그 외에 다음 블로그와 티스토리 등도 있지만, 포털 점유율이 높은 네이버 블로그 운영이 가장 효과가 좋다. 물론 블로그를 통해 마케팅 효과가 나타나기 위해서는 가장 먼저 블로그가 상위노출되고, 다른 블로그에 비해 경쟁력이 있어야 한다. 부동산 블로그는 생각보다 치열하지 않기 때문에 조금만 노력하면 상위노출이 가능하며, 다른 부동산 블로그보다 조금만 더 차별화한다면 폭발적인 마케팅 효과를 기대할 수 있다.

네이버 카페도 상위노출된다면 블로그만큼의 효과를 가져올 수 있다. 하지만 카페는 카페 랭킹을 올려야 하고, 회원수와 회원들의 활동 여부가 카페 신뢰도와 밀접하기 때문에 블로그보다 시간이 더 걸릴 수밖에 없다. 대다수의 부동산 중개업소는 빠른 효과를 원하기 때문에 블로그 위주의 마케팅을 하지만, 카페로 효과를 쏠쏠하게 보고 있는 부동산 중개업소도 꽤 있다. 카페는 회원 가입을 한 회원들과는 접촉할 수 있는 기능들이 있다. 메일이나 쪽지 발송을 통해 지속적으로 정보전달이 가능하며, 어느 정도 활성화된 카페에서는 가입 시 모든 정보를 입력하고 가입할 수 있도록 유도할 수 있다. 이렇게 되면 그 어떤 마케팅 도구보다 막강한 효과를 발휘할 수 있다. 네이버 카페를 장기적으로 운영한 중개업소는 블로그보다 카페의 효과가 더 좋다. 장기적인 마케팅 도구를 생각한다면 카페를 활용해야 한다.

네이버 지식인도 효과 좋은 마케팅 도구다. 특히 부동산 중개업소에서는 지식인 활동을 하는 곳이 많지 않아 가성비가 좋다. 몇 년 전 중개업소를 운영할 당시 지식인 마케팅의 효과를 톡톡히 봤다. 지식인을 통해 전화가 너무 많이 와서 감당을 할 수 없어서 업무와 관련 없는 지식인 활동은 다 삭제했던 일이 있다. 우리 지역 부동산 매물과 관련된 지식인 활동을 한다면 충분한 마케팅 효과를 볼 수 있으며, 지식인은 다른 채널들에 비해 가성비도 좋은 편이므로 지식인 활동을 권장한다.

최근 유튜브는 가장 핫한 마케팅 채널이다. 부동산 중개업에서도 유튜브 마케팅 효과가 나타나고 있다. 전체 유튜브 이용자 중에서 50대의 유튜브 이용시간이 가장 많다. 이제 유튜브를 시작해야 할 시기가 온 것이다. 실제로 토지나 전원주택은 유튜브 마케팅이 가장 효과 좋은 마케팅으로 떠오르고 있다. 부동산 유튜브는 아직 제대로 하는 곳이 많지 않아 지금 시작하면 시장 선점효과도 노릴 수 있으니, 유튜브를 시작하기에 아주 좋은 시기라고 할 수 있으며 하루라도 빨리 시작하자.

네이버TV는 유튜브보다 주목받지 못하고 있지만, 네이버 포털 메인에 노출되기 때문에 광고효과를 무시할 수 없다. 유튜브를 운영한다면, 동일한 콘텐츠를 이용해 네이버TV도 동시에 운영하는 것이 좋다. 블로그의 경우에는 한번 올린 글이나 사진 등을 재사용하는 것이 거의 불가능하지만, 동영상 콘텐츠는 블로그와 달리 재사용할 수 있는 부분이 많은 편이다. 유튜브와 함께 네이버TV도 도전해보자.

네이버 포스트도 네이버 메인 화면에 노출되는 훌륭한 마케팅 채널이다. 네이버 포스트 운영방법은 블로그에 준하는 수준이다. 블로그를 운영하는 분이라면 포스트는 유사하기 때문에 충분히 운영할 수 있다. 우리 지역의 매물을 검색했을 때, 포스트에 글을 써서 노출이 잘된다면 포스트도 운영해야 한다.

네이버 포털의 이미지, 동영상도 블로그, 카페, 네이버TV, 포스트 등을 운영하면 해당 채널의 이미지나 동영상이 추가로 노출되는 영역이다. 네이버 메인에 노출되기 때문에 역시 광고효과가 있으니 놓치지 말자. 그 외에도 네이버 지도, 페이스북, 인스타그램, 트위터 등 콘텐츠들 중에서 할 수 있는 마케팅은 다 해야 한다. 상위 1% 공인중개사는 유료광고보다 무료광고를 통한 매출이 훨씬 많다. 아직도 충분히 효과가 좋고, 기회도 무수히 많다. 지금 시작하면 충분히 상위 1% 공인중개사가 가능하다.

③ 치열한 부동산 중개업, 하지만 온라인 경쟁자는 아직도 5명

오프라인 부동산 중개 시장은 너무나 치열하다. 하지만 온라인으로 가면 이야기가 달라진다. 대다수 지역의 부동산 중개업소에서 온라인 마케팅을 활발하게 하고 있는 업체는 5개 이하다. 즉, 온라인으로 가면 경쟁업체가 대폭 줄어드는 것을 직접 확인할 수 있을 것이다. 왜냐하면 가장 활발하게 활동하는 부동산 중개업 종사자의 연령대가 40~50대로 컴퓨터 환경에 익숙하지 않은 세대이며, 그들 대다수가 컴퓨터 사용이 미숙하기 때문이다.

부동산 중개 시장은 전쟁터를 방불케 하는 치열한 시장이다. 1985년 제1회 시험부터 시작해서 2019년 제30회 시험까지 배출된 공인중개사는 43만 명이 넘었다. 현재 개업 공인중개사는 10만 명이 넘었으며, 매출의 빈부격차는 심각한 수준이다. 소득이 불규칙적인데다 경쟁이 치열해 폐업자가 속출하고 있다는 것이 공인중개사협회 관계자의 이야기다. 정부규제와 부동산 경기 침체로 인한 거래절벽으로 부동산 중개 시장은 개업보다 폐업이 많은 것이 현실이다.

이제 고객을 앉아서 기다리는 시대는 갔다. 고객이 있는 곳을 찾아가야 한다. IT환경의 변화로 고객이 있는 온라인 마케팅에 주력해야 한다. 변화하는 콘텐츠 소비 트렌드에 맞춘 마케팅만이 살아남을 수 있다.

개포동 개포주공 A급 상권에서 30년 가까이 중개업소를 운영하신 J대표님의 경우, 10년 전까지는 상권이 좋아 가장 많은 매출을 올리시는 분이었다. 지역 부동산 중개업소 모임에서 회장을 맡을 정도로 승승장구했다. 하지만 IT환경의 변화와 개포주공이 강남 재건축의 바로미터가 되면서, 전국에서 관심을 갖는 온라인 마케팅 시장으로 변화가 일어났다. 고객들이 직접 발품을 파는 것이 아니라 블로그나 카페를 통해서 정보를 습득하고, 블로그나 카페를 신뢰감 있게 잘 운영하는 곳으로 직접 찾아가서 계약을 하는 것이 다반사다.

그래서 J대표님은 여전히 개포동에서 상권이 가장 좋아 임대료는 높지만, 매출이 너무 많이 줄어 적자를 면치 못해 폐업을 고민 중이라고 상담을 요청해왔다. 당시 개포동의 경우 온라인 마케팅을 제대로 하는 곳은 5개 업소도 안 되었기 때문에 블로그 마케팅을 추천했다. 컴퓨터 활용 교육과 블로그 교육을 수료하고, 블로그 운영을 시작했다. 수개월 내에 블로그 상위노출이 되었으며, 블로그를 통해 매출이 상승되기 시작했다. 재건축 진행이 빨라지면서 개포동 부동산이 들썩이기 시작했고, 블로그를 통한 온라인 고객이 몰려오기 시작했다. J대표님은 블로그를 통해 폐업위기를 모면했으며, 현재는 매출이 아주 높은 편이고, 안정적인 매출을 유지하고 있다.

부동산 중개업은 온라인 마케팅에 최적화된 업종 중 하나다. 왜냐하면 지역이 정해진 업종이어서 온라인 검색에 지역명을 같이 넣어서 검색하므로 경쟁자가 대폭 줄어드는 업종이기 때문이다. 물론 경매 등 전국을 대상으로 하는 분야도 있지만, 대다수의 부동산 중개업은 해당 지역과 활동범위가 정해진다.

다른 업종들을 보면 전국적으로 경쟁을 해야 하는 치열한 업종이 너무나 많다. 예를 들면 여성의류 같은 경우, 온라인 마케팅은 레드오션 중의 레드오션이다. 전국의 여성의류 업체들과 경쟁해야 한다. 하물며 농사짓는 분들도 마찬가지다. 사과농사 같은 경우 전국의 사과농사를 짓는 분들과 경쟁을 해야 한다. 왜냐하면 택배가 전국 배송이 되기 때문에 전국적으로 경쟁해야 하는 치열한 업종이다.

부동산 중개업을 선택한 당신은 정말 행운이 아닐 수 없다. 이렇게 치열한 SNS 마케팅 전성시대에 온라인 경쟁이 약한 업종을 선택했기 때문이다. 부동산 중개업은 활동지역이 대부분 정해지기 때문에 지역 내에서만 경쟁하면 되므로 경쟁자가 대폭 줄어들 뿐만 아니라, 컴퓨터 사용이 미숙한 분들이 경쟁하는 업종이기 때문이다.

물론, 부동산 중개업 분야도 치열한 분야들이 있다. 분양, 신도시, 원룸, 오피스텔, 이슈가 되는 곳과 관련된 지역들은 거래가 활발한 지역으로 광고비를 많이 지출하면 매출도 많이 오르기 때문에 고액의 광고비를 지출하며 마케팅 대행사가 마케팅을 대행해주는 경우가 있다. 하지만 대다수의 지역들은 온라인 마케팅을 제대로 하고 있는 부동산 중개업소가 5개 이하다. 뿐만 아니라 다른 업종들에 비해서 온라인 마케팅을 활발하게 하지 않기 때문에 조금만 노력해도 빠른 매출 상승효과가 나타난다.

　온라인 마케팅에서 가장 치열한 블로그의 경우도 부동산 중개업은 다른 업종들에 비해서 단기간에 상위노출이 가능하고, 계약이 일어나기 시작한다. 그 외 많은 온라인 마케팅 채널에서도 다른 업종들에 비해 조금만 노력하면 상위노출이 가능하다. 심지어 요즘 가장 핫한 유튜브의 경우에는 부동산 중개업에서는 경쟁자가 거의 전무한 상태다.

　치열한 레드오션, 오프라인 시장을 공략할 것인가? 아니면 경쟁자가 거의 없는 블루오션을 선택할 것인가? 당연히 후자를 선택해야 한다. 온라인 마케팅 위주의 중개업소를 운영하게 된다면 또 하나의 장점은 굳이 임대료가 비싼 A급 상권으로 갈 필요가 없다는 것이다. 임대료가 저렴한 곳에서 사무실 유지비 부담을 덜고 안정적으로 사무실 운영을 할 수 있다. 창업이나 취업을 준비하고 계신 분들은 반드시 온라인 마케팅을 철저하게 준비하고 시작하길 바라며, 부동산 불황에 매출이 없어 돌파구가 필요하신 분들은 지금 당장 온라인 마케팅을 시작하길 추천 드린다.

4

상위 1% 공인중개사는 노력과 끈기로 매출 10배 올린다

많은 공인중개사들은 상위 1% 공인중개사가 되고 싶어 하고, 상위 1% 공인중개사의 비법을 알고 싶어 한다. 하지만 막상 대다수의 공인중개사는 상위 1%가 되기 위해서는 무엇을 해야 하는지 알면서도 안 하는 경우가 대부분이다. 힘들게 노력하는 것은 싫고, 편하게 돈은 많이 벌면 좋겠다는 생각으로는 절대 성공할 수 없다.

부동산 마케팅 교육을 해오면서 지켜본 상위 1% 공인중개사는 타고나는 것이 아니라, 노력과 끈기로 이뤄진다. 남들보다 조금 더 많이 노력하고, 남들이 포기할 때 포기하지 않고 끝까지 버텨서 상위 1% 공인중개사가 될 수 있었던 것이다. 부동산을 오래 운영하다 보면 매너리즘에 빠지기 쉽다. 하지만 상위 1% 공인중개사는 끊임없이 자신을 채찍질하면서 노력과 끈기를 통해 매출을 올리고 있다.

● 부동산의 마케팅 트렌드를 읽어야 한다

　대부분의 지역에서 잘나가는 공인중개사가 누구인지는 다 알고 있다. 필자도 부동산 중개업을 할 때 우리 지역에서 가장 계약을 많이 하는 공인중개사가 누구인지는 너무나 잘 알고 있었다. 계약을 많이 하게 되면 공동중개 건수도 많아지고 소문이 나기 마련이다.

　우리 지역에서 현재 가장 매출이 높은 공인중개사는 어떤 마케팅을 하고 있는지 살펴봐야 한다. 대부분 인터넷 검색을 통해서 확인할 수 있다. 블로그를 통해서 계약을 많이 한다면 블로그를 운영해야 하고, 유튜브를 통한 계약이 많다면 유튜브를 운영해야 한다. 현재 우리 지역의 부동산 중개업에서 가장 효과가 좋은 마케팅 트렌드를 읽고, 거기에 맞는 마케팅에 집중해야 한다.

● 컴퓨터 활용 능력이 부족하면 배우고 익혀야 한다

　타이핑 속도가 느리다면 타이핑 연습을 해서 속도를 올려야 한다. 특히 키보드 자판을 외우지 못해 2~3개 손가락으로 타이핑하는 독수리 타법은 절대 안 된다. 반드시 키보드 자리 연습을 통해 키보드를 안 보고 타이핑이 가능해야 하며, 또한 최소한 1분에 300타 이상의 타이핑 속도가 되어야 업무처리 속도가 원활한 정도가 된다. 왜냐하면 온라인 마케팅이란 온라인 글쓰기가 대부분이기 때문이다. 그 외에도 컴퓨터를 사용해서 업무처리를 해야 하는 일이 점점 많아지는데, 타이핑 속도가 느리면 업무처리 시간이 많이 지연되기 때문에 능률이 현격하게 떨어질 수밖에 없다. 여기에 부가해 가장 많이 사용하는 기능의 단축키들을 외워두면 업무처리 속도가 엄청나게 빨라지게 될 것이다. 예를 들면 전체 선택은 Crtl+A, 복사는 Crtl+C, 붙여넣기는 Crtl+V 등 평소 본인이 많이 사용하는 기능들의 단축키를 확인해서 외워두는 것이 좋다.

이제 부동산 중개업도 환경이 변해 대부분의 일들이 컴퓨터를 사용해서 이뤄진다. 컴퓨터 활용 능력이 부족하다면 반드시 컴퓨터를 배우고 익혀야 한다. 특히, 매물이나 지역 브리핑을 위한 파워포인트 프로그램 사용법과 매물 관리를 위한 엑셀 프로그램, 매물 사진 등의 이미지 편집을 위한 프로그램들은 기본으로 반드시 익혀둬야 한다.

● 마케팅 계획표를 만들자

매너리즘에 빠지지 않고 항상 일정하게 컨디션을 유지할 수 있으려면 마케팅 플랜이 필요하다. 마케팅 플랜은 일간, 주간, 월간, 연간 계획을 표로 만들어 공유하면서 실행하고, 체크하면서 사후관리를 하는 것이 중요하다.

상위 1% 공인중개사는 하루의 목표를 미루지 않고 그날그날 실행한다. 블로그만 봐도 그것이 보인다. 블로그 운영에서 가장 힘든 것은 매일매일 글을 써야 하는 것이다. 블로그에 글을 1개만 써놓아도 1위에 노출되어 효과를 볼 수 있다면 얼마나 좋을까? 실제로 블로그를 배우면서 매일매일 글을 쓰는 것에 대해서 좌절을 하는 분들이 많다.

부동산 중개업 종사자 교육을 해보면 대다수 분들의 이야기가 "바빠서 블로그에 글 쓸 시간이 없다. 일이 많아서 블로그에 글 쓸 시간이 없다"라고 한다. 사실 블로그에 글쓰기는 가장 중요한 일이다. 시급하지는 않지만 중요도가 높은 최우선순위의 일인 것을 명심해야 한다. 시간이 부족하면 출근시간을 1~2시간 당겨서 나와야 한다. 대다수의 부동산 중개업소는 10시 출근이다. 퇴근시간에는 일이 많이 생기고 방해를 받기 때문에 오전시간을 활용하는 것이 가장 효율적이다. 여성분들의 경우는 오전에 집안일 때문에 힘들다면 반드시 퇴근을 늦게 해서 절대적으로 마케팅 시간을 확보해야 한다. 상위 1% 공인중개사는 퇴근이 정말 늦다. 오전시간이 힘든 여성분들은 주로 밤시간을 활용해 블로그 글쓰기, 유튜브 동영상 만들기를 하고 있다. 꼭 기억해야 하는 것은 시급하지는 않지만, 정말 중요한 일이므로 일의 우선순위에서 밀리면 안 된다.

● **배움을 습관화해야 한다**

우리는 격변하는 시대에 살아가고 있다. 부동산 중개업 시장도 너무나 빠른 변화를 겪고 있다. 부동산 관련 법률도 끊임없이 바뀌어가고 있으며, IT환경에 맞춰 마케팅 환경도 빠르게 변화하고 있다. "부동산 중개업을 하다가 5년 쉬고 나왔더니 너무 많이 변해서 아무것도 모르겠어요"라는 말을 정말 많이 듣는다. 이렇게 빠른 변화의 시대를 살아가면서 미처 환경변화의 대처를 못한 채 그대로 머물러 있다면 살아남을 수 없다.

필자는 많은 부동산 교육현장에서 교육을 하는데, 필자한테 교육을 받았던 분을 또 다른 교육현장에서 만나는 경우가 종종 있다. 이분들이 상위 1% 공인중개사들이다. 상위 1% 공인중개사들은 배움이 습관화되어 있어서 변화의 흐름을 놓치지 않고 앞서가고 있다는 것을 명심해야 한다. 광고 카피 중에서 '아무것도 하지 않으면, 아무 일도 일어나지 않는다'라는 말이 떠오른다. 개선이 필요한 것을 알면서도 실행하지 않는다면 발전은 없다. 상위 1% 공인중개사가 되고 싶다면 지금 바로 시작해야 한다.

PART

불황에도 매출 10배 올리는 상위 1% 공인중개사의 마케팅 비법

1 한발 앞선 온라인 마케팅으로 40년 토박이 이기다

　치열한 중개업 시장 중에서도 가장 치열한 지역이 잠실주공 5단지다. 잠실주공 5단지는 재건축을 앞두고 있는 아파트로 40년 이상 토박이 부동산 중개업소들이 자리를 잡은 아파트 단지다. 따라서 초보 공인중개사는 감히 개업은 엄두도 못 내는 지역이다. 또한 지역 중개업소 회원 규약을 통해 광고도 극히 제한을 받는 곳이다. 디엠, 명함작업이나 전화작업, 문자발송 등 모든 것이 제한되어 있으므로 신규로 진입해서 살아남는다는 것은 확률이 거의 낮은 지역이다.
　하지만 잠실주공 5단지의 가능성을 보고 겁 없이 생초보 공인중개사 두 분이 동업으로 창업을 해서 정말 어려운 세월을 보냈다. 잠실주공 5단지 단지 내 상가는 오픈상가로 백화점 쇼핑몰 같은 형태의 파티션이 없이 오픈된 상가다. 잠실박사 공인중개사사무소는 잠실주공 5단지 오픈상가 내에서도 가장 위치가 안 좋은 한가운데 자리하고 있어 워킹 손님이 찾기도 힘든 위치에 오픈을 했다. 초기 몇 년간은 매출이 많지 않아 모든 유지비가 부담스러웠다. 점심도 된장찌개 1인분에 공기밥 1개를 추가해서 먹은 세월이 몇 년간 지속되었다. 사무실 위치가 안 좋아 워킹 손님이 거의 없었기 때문에 아침 8시에 출근하고, 저녁 10시 퇴근을 하면서 열심히 발로 뛰었지만, 금융위기라는 글로벌 경기침체까지 겹쳐 더욱 힘들어졌다.

이 두 분은 온라인 마케팅으로 어려움을 돌파하고자 교육을 받으러 왔다. 두 분 다 연세도 있으시고, 컴퓨터도 미숙해서 초반에는 많이 힘들어하셨다. 밤잠을 줄여가며 타이핑 연습부터 엑셀, 파워포인트 등 컴퓨터 활용을 익히고, 과제들을 해냈다. 블로그, 카페, 키워드광고 등을 하나하나 만들고 채워가면서 열정과 노력으로 완성해 교육과정을 마쳤는데, 너무 무리를 해서 병원에 입원하는 바람에 수료식은 참석도 못했다.

네이버 파워링크 키워드광고를 광고대행사에 맡기고 있었는데, 교육을 통해 본인이 직접 광고운영을 하게 되면서부터 효과는 더 좋으면서 광고비는 3분의 1 이하로 줄었다. 마케팅의 중요성을 잘 알고 있었기에 무리를 해서라도 유료광고를 많이 하고 있었던 중개업소였는데, 무료광고채널인 네이버 블로그, 다음 블로그, 네이버 카페, 다음 카페 등을 추가하면서 광고비는 절반 이하로 줄면서 광고효과는 훨씬 좋았다. 가능한 모든 온라인 마케팅을 시작하면서 2년 만에 잠실주공 5단지에서 가장 계약을 많이 하는 중개업소가 되었다. 지금도 여전히 잠실주공 5단지에서 가장 잘나가는 공인중개사로 자리매김하고 있다. 특히, 장기적인 카페 운영으로 카페의 장점을 최대한 살려 카페를 통한 마케팅 효과를 톡톡히 보고 있다. 카페의 경우 카페에 가입한 회원들에게 메일 발송이나 쪽지 발송 등을 통한 정보를 제공할 수 있으며, 활성화된 카페의 경우에는 회원 가입 시 많은 정보를 얻어낼 수 있을 뿐더러 회원들이 직접 카페 활동을 하게 되면 신뢰감이 대폭 올라갈 수 있는 마케팅이다.

뿐만 아니라, 몇 년간 사용하던 박준 공인중개사사무소라는 상호와는 별개로 '잠실박사'로 블로그, 카페, 홈페이지를 통해 브랜드 마케팅을 시작했다. 브랜드 마케팅은 단기에 효과가 나타나지 않는 장기적인 마케팅이다. 1년 정도 지났을 때는 박준 공인중개사사무소보다 잠실박사를 찾는 전화가 더 많아졌고, 1년 반 정도 되었을 때는 과감하게 상호를 '잠실박사 공인중개사사무소'로 변경했다. 현재는 잠실주공 5단지가 워낙 주목받는 단지이기도 하고, 계약건수가 많아 서울시 부동산 관련 세무 감사 1순위 중개업소라고 한다. 전년도에도 서울시 부동산 규제 정책으로 부동산 중개업소들이 감사를 받았는데, 2개월에 거친 대대적인 감사에도 전혀 문제없이 감사가 잘 마무리되었다고 한다.

잠실박사 대표님은 온라인 마케팅의 최고 장점은 온라인에서 고객들이 이미 설득을 당해서 온다고 이야기한다. 일례로, 대구에서 올라온 고객은 잠실주공 5단지에 대한 브리핑을 하려고 했더니, 설명 들을 필요 없다며 빨리 집주인 나오라고 해서 바로 계약을 했다고 한다. 잠실박사 네이버 카페를 통해 잠실주공 5단지에 정보를 다 확인하고 올라왔기 때문에 사무실에 도착해서 브리핑도 전혀 필요 없이 신속하게 계약이 체결된 사례다.

부동산은 큰 금액, 전 재산을 다루는 일이기 때문에 의심과 경계가 가장 심한 분야다. 그렇기 때문에 계약까지 가려면 많은 노력과 시간이 필요하다. 하지만 온라인 고객은 다르다. 이미 온라인을 통해 설득되어 신뢰감을 가지고 오기 때문에 계약이 훨씬 쉬워진다. 또한 온라인은 오프라인의 시간과 공간의 한계를 넘어 무한대로 브리핑이 가능한 것이 가장 큰 매력이다.

잠실박사 공인중개사사무소에 교육이 끝난 후에 컨설팅을 위해 잠실박사 공인중개사사무소를 몇 번 방문한 적 있는데, 일정상 출근시간 정체를 피해 오전 8시 이전에 아침 일찍 사무소를 방문했다. 그런데 두 분은 그 시간에 이미 출근해서 업무준비를 완료하고 있었다. 사무실이 오픈상가 내 중앙이라 헤매고 있었는데, 잠실주공 5단지 상가에서 근무하시는 경비아저씨가 안내해주셨다. 경비아저씨는 잠실박사 공인중개사사무소는 너무 열심히 성실하게 일해서 잠실주공 5단지의 부동산 중개업소를 찾는 사람이 있으면 무조건 잠실박사 공인중개사사무소로 데려다 주신다고 하셨다.

10년간 지켜본 두 대표님은 성공할 요인을 모두 갖춘 분이라는 생각이 든다. 가능한 모든 마케팅을 쉬지 않고 계획대로 해내고 있으며, 성실과 노력이 습관화되어 있는 분들이다. 현재는 페이스북 마케팅 등을 추가해 꾸준히 운영 중이며, 여전히 잠실주공 5단지를 대표하는 부동산 중개업소로 자리매김하고 있는 대한민국 상위 1% 공인중개사님이다.

2. 진솔한 글로 폐업 직전에서 월 6,000만 원 초대박 나다

중국집을 30년 가까이 운영했던 부부가 서울 중랑구에서 업종을 전환해 부동산 중개업을 하는 공인중개사님의 이야기다. 중랑구 A대표님은 부동산 중개업을 시작하면서 매일 오전 10시부터 오후 7시까지 오토바이를 타고 서울 전역을 명함작업을 했다. 비나 눈이 오는 날에는 자동차를 타고 하루도 거르지 않고 명함작업을 했다. 정말 부지런하고 열정적인 분이시다. 3년간 서울 전역 1층 상권을 3바퀴 돌았다고 한다. 부동산 중개업에서도 들어본 적 없을 정도의 사례다. 하지만 3년간 계약은 한 달에 1건도 하기 힘들어서 사무실 유지 및 생활이 불가능한 상황이었다.

교육 첫날 오리엔테이션에서 교육비가 부담스러워서 미루다가 이제 정말 마지막으로 온라인 마케팅에 도전해보고 안 되면 부동산 중개업소를 폐업하고 중국집을 다시 하려고 최후의 도전으로 온라인 마케팅을 선택했다고 했다. 컴퓨터는 검색밖에 못할 정도로 컴맹이셨으며, 타이핑도 느려서 거의 밤을 새기를 2개월, 교육생 중에서도 컴퓨터를 가장 못하는 분 중 한 분이었다. 사진 편집, 엑셀, 파워포인트 등 모든 것이 처음이라 서툴고 느려서 반드시 예습을 하고 수업에 참여했고, 복습도 꼬박꼬박 반복했다. 블로그, 카페, 키워드광고 등 온라인 마케팅도 완성해가면서 2개월이 지났을 때는 타이핑 속도도 빨라지고, 반복을 통해 마케팅을 위한 준비가 차근차근 진행되었다.

3개월째부터 블로그를 통해 첫 계약이 일어났고, 그 후 가속이 붙으면서 통화량도 많아지고 계약 건수도 많아졌다. 4개월째부터는 너무 바쁘다고 행복한 비명을 지르기 시작했으며, 6개월 차에는 계약 28건에 매출 6,000만 원으로 초대박의 신화를 이뤄냈다. 그 후로도 쭉 지금까지 매출액을 유지하며 승승장구하고 있다. 매출액 상승과 바쁜 일과 중에도 온라인 교육을 2년 넘게 10번 이상 반복해 듣고 있으며, 그 외 다른 부동산 중개업 교육을 끊임없이 도전하고 있는 정말 최고의 열정을 가진 분이다.

이분 때문에 '에이스클럽'이라는 교육생 모임을 만들게 되었다. 교육 후에도 중개업 종사자 간의 업무 교류와 마케팅 협업의 필요성을 느끼면서도 계속 미뤄왔던 일이었다. 누군가 자발적으로 모임을 이끌어 갈 희생정신을 갖춘 리더십이 있는 분이 필요한 일이라 쉽지 않았는데, 모임을 만들자고 제의해 오셔서 적극적으로 추진하게 되었다. 에이스클럽은 몇 년간 블로그 방문 등 마케팅 협업을 통해 많은 성과를 이뤄냈으며, 그 외에도 부동산 중개업은 다양한 사건사고가 많은 업종이라 200명 이상이 활발하게 사건사고 해결 및 서로에게 도움을 주는 모임으로 활동 중이다. 오프라인 세미나와 모임, 온라인 협업을 통해 서로에게 힘이 되는 평생 동반자 모임으로 활발하게 모임활동이 진행되고 있다.

중랑구 A대표님의 블로그 글 2개를 읽어보면 정말 진솔한 본인의 인생이 글로 다 표현되어 있다. 화려한 미사여구 없이 그냥 본인의 살아온 이야기와 현재의 일상이 블로그에 솔직하게 담겨 있다.

한번은 블로그를 운영한 지 5개월 차에 전라도 완도에서 연세가 지긋하신 남자분께서 부동산을 찾아오셨는데, 작은 건물을 하나 사고 싶다고 하셨단다. 지방에서 오신 분이라 건물 구매가 쉽지 않을 것이라고 생각했는데, 전날 보고 간 건물들 중 하나를 다음 날 바로 계약했다. 어떻게 우리 사무실에서 계약할 생각을 하셨는지 궁금해서 여쭤보니, 그분은 중랑구 A대표님이 운영하는 블로그의 글들은 하나도 빠짐없이 다 읽었다고 하셨다. 이 정도로 신뢰가 가는 사람이면 최소한 나를 속일 것 같지는 않다고 생각해서 여기서 작은 건물을 구매하게 되었다고 말씀하셨다.

또 한번은 강원도 도시에 사는 분이 전화가 왔는데, 중국집을 계약하려고 하는데, 중국집을 운영하면 괜찮을 위치인지를 봐달라고 하셨다. 서울에서 거리가 꽤 있어서 계약 성사여부가 불분명한 상태라 강원도까지 가기는 쉽지 않았다. 그래서 죄송하지만 계약이 될지, 안 될지도 모르는데, 거기까지 갈 수는 없다고 말씀드렸더니 안 와도 좋으니 다음 뷰 지도로 위치를 분석해주고 상권이 괜찮다고 하면 무조건 공동중개로 넣어준다고 하셨다. 상권 분석 결과, 자리가 좋아 공동중개로 계약하게 되었다.

이것이 블로그의 위력이다. 우리 사무실에 대한 아무런 정보 없이 방문하게 되는 워킹 고객들을 계약까지 성사시키는 것은 맨땅에 헤딩하기와 같다. 많은 자료와 브리핑으로 설득을 해야 하고 힘든 과정들을 거쳐 계약까지 가지만, 블로그를 통해 온 고객들은 이미 이분을 신뢰하고 왔기 때문에 워킹 고객들에 비해 20~30%의 노력만으로 계약까지 성사된다.

또한, 블로그의 장점은 많은 사람들에게 브리핑할 수 있다는 것이다. 중랑구 A대표님의 사무실은 좋은 상권의 사무실이 아니어서 방문객이 많지 않은 사무실이었다. 오프라인 매물 브리핑은 사무실 방문객 몇 명, 또는 수십 명 정도에게만 할 수 있지만, 온라인으로 가면 수백, 수천 명이 나의 브리핑을 보게 된다. 블로그를 통해 많은 고객들에게 브리핑을 하기 때문에 계약확률이 훨씬 높아지는 것이다.

중랑구 A대표님은 현재 중국집 전문 중개로는 대한민국 탑이다. 이분처럼 중국집 운영경험이 많은 공인중개사가 없을 뿐 아니라 매일 명함작업을 통해 서울 전역 상권을 몇 년간 다니면서 중국집 상권을 제대로 분석할 수 있는 분은 전무한 상태다. 중랑구에서 다있다부동산을 운영하고 있는 A대표님은 여전히 열정적으로 블로그 및 유튜브를 운영하고, 명함작업, 각종 부동산 공부를 쉬지 않고 하고 계신다. 진정한 대한민국 상위 1% 공인중개사임을 믿어 의심치 않는다.

3
차별화된 전문성으로
블로그 방문자를 열성팬으로

부동산 블로그를 보면 대부분 비슷비슷하게 운영을 하고 있다. 그런데 남들보다 차별화된 전문적인 블로그 운영은 엄청난 효과를 나타낸다. 블로그를 통해 팬이 형성될 정도로 효과가 크다.

수원에서 중개업을 하는 K대표님은 블로그에 대한 열정이 대단했다. 블로그 교육을 통해 만들기부터 글쓰기까지 열 일을 제치고 몰두했다. 그러자 블로그를 시작한 지 한 달도 안 되어 상위노출이 되었으며, 둘째 달부터는 블로그를 통한 마케팅 효과도 나타나기 시작했다. 블로그에 일상 글과 투자와 관련된 부동산 홍보글을 주로 포스팅 했는데, 투자성 매물에 대한 부동산 홍보글은 많은 정성과 시간을 들여 포스팅을 했다. 특히, 투자성 매물에 대해서 다른 부동산 블로그와의 차별화를 위해 장단점을 분석한 글을 올렸다.

대다수의 부동산 블로그를 보면 장점 위주의 포스팅을 한다. 왜냐하면 굳이 단점을 알려서 좋을 것이 없으리라는 생각이 일반적이다. 하지만 다른 블로그들이 장점 위주의 글을 쓸 때 K대표는 장점을 세 가지를 쓰게 되면 단점도 세 가지로 같은 비율로 글을 쓰면서 차별화된 포스팅을 했다. 또한 다른 부동산 블로그와 차별화된 부동산 시장 분석에 대한 전문적인 글로 인해 블로그 방문자들의 반응은 폭발적이었다. 특히, 장점에 대한 정보는 많지만 단점에 대한 정보는 없는데, 장단점을 제대로 분석해주니 더더욱 신뢰감이 간다는 의견이 많았다.

블로그를 통한 문의 전화가 너무 많고, 투자 상담을 하려는 사람이 많아져서 일주일 이상 기다려야 투자 상담을 받을 수 있을 정도로 블로그의 위력이 컸다. 블로그를 통해 온 고객들 중에는 블로그의 글을 보고 팬이 되었다고, 떨리는 목소리로 연예인을 보는 것 같다고 이야기한 분들도 있었다. 또한, 블로그를 통해 방문한 예비 투자자들은 절대적인 신뢰를 가지고 있었으며, 너무 신뢰가 가는 분이라 투자 매물을 적극적으로 투자할 의지를 가지고 방문을 했다. 뿐만 아니라, 블로그 댓글에서 고객들끼리 소통을 하기 시작했다. 부동산 블로그는 블로그 방문자와 블로그 주인장과의 소통은 있어도, 방문자들끼리 소통이 일어나는 경우는 거의 없다. 블로그 방문자들 간의 댓글을 통한 소통은 부동산 블로그에서는 거의 이례적인 사례다.

더 나아가서 이 블로그의 글들을 보고 건물을 가지고 계신 분이 전속중개계약을 요청했다. 전속중개계약은 고객이 특정한 공인중개사를 정해 그 공인중개사에 한해서 당해 중개대상물을 중개하도록 하는 계약을 말한다. 그런데 친인척 이상에서만 전속중개계약이 가능할 정도로 우리나라에서 많지 않은 것이 현실이기 때문에 블로그의 위력을 확인할 수 있었다.

또 한 분의 사례는 동탄신도시 오피스텔 분양팀에서 분양업무를 하는 L부장님의 이야기다. 그분은 동탄신도시 오피스텔 분양을 위해 블로그를 배우고 운영했지만, 분양사무실의 경우 분양기간이 끝나면 또 다른 현장을 찾아가야 했다. 하지만 그분은 분양이 끝나고 나서 오피스텔 분양이 아닌 다른 종목의 일을 하고 싶어서 서울 마포구에서 고시원 중개 분야로 뛰어들었다.

고시원 중개 분야는 처음이지만 열정적으로 고시원 관련 중개 및 창업에 관한 법률공부와 상권분석 등을 통해 다른 고시원 블로그에 비해 차별화된 고시원 창업정보 및 장단점 분석정보를 블로그를 통해서 제공했다. L부장님은 고시원 마케팅은 오피스텔 분양을 위해 운영 중이던 블로그와 더불어 유료광고인 키워드광고도 병행하려고 생각했다. 그런데 블로그를 통해서 들어오는 고시원 중개 및 창업 상담요청도 감당하기 어려울 정도로 마케팅 효과가 폭발적으로 컸다. 다른 광고가 일체 필요 없이 오직 블로그만 가지고도 많은 계약이 일어나고 있으며, 상담 대기자가 많은 상황이다. 최근 최저임금 상승과 경기 불황으로 상가를 찾는 사람이 거의 없어서 상가중개 분야의 경우 힘든 상황인데, 고시원 중개는 너무 바쁘고 매출도 승승장구 중이다. 물론 특수 분야이기 때문에 블로그가 치열하지 않기도 할 뿐더러 차별화된 정보 제공을 통해 신뢰감을 주었기에 가능했다.

L부장님의 블로그는 고시원을 추천하는 여자 '고추녀'로 브랜딩해 운영 중이다. 하지만 고추녀로 브랜드명을 정하기까지 고민이 많았다. 자칫하면 오해의 소지도 있었지만 재미있고, 한번 들으면 잊지 못할 만한

명칭이라 필자도 괜찮을 것 같다는 의견을 주었다. 다행히 블로그 방문자들이 처음에는 고시원 블로그들 중에 너무 재미있어서 방문했다가 블로그의 내용이 전문적이고 신뢰를 할 수 있어서 고객이 된다고 한다. 또한 사무실을 방문해서 상담을 받고 나서는 L부장님의 열정과 성실성으로 인해 팬이 된다고 한다. 현재는 고시원 창업과 중개를 하려고 하는 많은 분들이 대기 중으로 블로그를 통한 폭발적인 마케팅 효과를 보고 있다.

부동산 블로그 운영 시에 남들보다 정성을 들이고 차별화한다면 단순한 고객을 넘어서 열성팬이 되어 평생 부동산 투자 파트너까지 될 수 있다. 대한민국 상위 1% 공인중개사는 단순한 중개가 아닌, 차별화된 전문성으로 평생 투자 파트너와 함께한다.

4
디테일한 블로그 운영으로
10명이 오면 9명 계약

충남 논산에서 부동산 중개업을 하는 K대표님의 사례다. 모자가 같이 부동산을 운영하는 분인데, 컴퓨터가 미숙해서 아들의 엄청난 반대에도 불구하고 블로그 운영을 시작했다.

아직도 첫날 교육장에서 있었던 일이 기억난다. 아침 일찍 가장 먼저 교육장에 도착해서 걱정스러운 얼굴로 교육을 받아야 할지, 말아야 할지 고민 중이라고 했다. 아들이 "엄마는 절대 블로그 운영 못한다고, 젊은 나도 못하는데 엄마 같은 컴맹이 어떻게 블로그를 운영하느냐고, 아예 배울 생각도 말라고 했다"며, 일단 와보기는 했는데 집으로 다시 가야 할지, 말아야 할지 모르겠다고 너무 걱정스러운 표정이었다. 하지만 당시 다른 교육생의 연령대도 대부분 40~50대 공인중개사분들로 비슷한 연령대임을 확인하고는 교육을 받았다.

처음 블로그를 운영할 때 그분은 포스팅 1개를 하는 데 꼬박 3~4시간이 걸릴 정도로 힘겨워했다. 그러다가 매일매일 포스팅을 하면서 2개월 정도가 되자 포스팅 시간도 30분 이내로 단축이 되었다. 당시 논산의 경우 블로그를 운영하는 부동산 중개업소가 전혀 없어서 블로그 상위노출은 너무나 쉬웠다. 부동산 매물에 대한 글은 바로 상위노출되다시피 했으며, 그 외의 '논산'이라는 지역 대표키워드도 두 달 째에 첫 페이지 노출이 가능했다.

논산 K대표님은 글쓰기를 잘 하는 분이다. 표현력도 좋을 뿐 아니라 디테일하게 매물에 대한 설명을 잘 표현했다. 부동산 매물에 대해 방문자가 궁금해하는 교통환경, 주거환경, 생활환경 등 모든 디테일한 내용을 글과 사진으로 블로그에 담아냈다. 블로그를 통해 3개월째 첫 계약이 일어났으며, 이후로 블로그를 통한 계약이 엄청나게 늘면서, 6개월 차에는 거의 매일 계약을 할 정도로 블로그를 통한 계약이 많았다. 충남 논산임에도 주로 서울 수도권에서 사는 분들이 농가주택, 전원주택, 전답 등을 매매했으며, 10명이 내려오면 9명이 계약할 정도로 계약률이 높았다.

물론 논산지역은 거리가 멀어 서울 수도권에서 관심이 없는 분들은 방문하지 않고, 정말 관심이 있는 분들이 내려오기 때문에 계약률이 더 높은 편이기도 하다. 하지만 블로그를 통해 매물에 대한 모든 것들이 브리핑이 잘되었고, 실제 매물을 보니 블로그의 내용과 같아서 빠르게 결정을 할 수 있었다고 한다. 네이버 부동산이나 부동산 홈페이지를 통해 알 수 없는 모든 궁금증을 블로그를 통해 해결해줌으로써 높은 계약률로 이어질 수 있었다. 심지어 블로그에 올라오는 매물을 계속 체크하는 고객들이 늘어났고, 본인이 원하는 조건의 매물이 나오면 계약하려고 매일매일 블로그를 방문하면서 대기하는 고객들이 많아졌다. 블로그를 통해 매출액도 엄청 올라가고, 지금은 논산에서 모르는 사람이 없을 정도로 유명인사가 되었다.

2년 전 논산에서 아파트 분양을 했는데, 사무실과 거리가 먼 곳으로 자동차로 30분 정도 거리에 분양현장이 있었다. 대부분 분양매물은 분양현장 인근의 부동산 중개업소들이 거의 다 계약을 한다. 하지만 아파트 입주장에서 결과는 놀라웠다. K대표님의 부동산 중개업소에서 블로그를 통해서 입주장 전세, 월세, 매매를 가장 많이 계약을 한 것이다.

그 외의 재미있는 에피소드도 있다. K대표님의 아들이 소유한 은행계좌가 대포 통장으로 도용을 당하는 피해 사례가 발생했다. 경찰서에서는 은행계좌가 도용당했다고 이야기해도 믿어주지 않고, 피의자 신분으로 조사를 받게 되었다. 피해자라고 억울하다고 항의했지만 절대 믿어주지 않았다. 피의자 신문조서를 작성하면서 담당형사가 직업이 뭐냐고 묻기에 엄마인 K대표님과 함께 부동산 중개업소를 운영한다고 이야기했더니 형사님이 깜짝 놀라셨다고 한다. K대표님의 블로그를 잘 보고 있다며, 그분 아들이면 틀림없이 피해자라고 하면서 피의자 신분에서 피해자 신분으로 변경을 해주시고, 피해 사건도 잘 마무리되었다고 한다. 블로그를 통해서 이런 피해사건까지 해결되었다고 너무 기뻐하시면서 필자한테 전화를 주셨던 일이다.

현재는 논산지역의 상위 1% 공인중개사로 논산지역의 부동산 매물 중 큰 매물은 거의 K대표님의 부동산 중개업소에서 중개되고 있으며, 지역에서 돈 많은 투자자분들의 발길이 끊이지 않고 있다. 블로그를 통해 너무나 많은 일상이 바뀌었다고, 블로그를 시작하지 않았다면 지금 어떻게 생활하고 있을지 생각하기도 싫다고 했다. 블로그를 통해 인생이 바뀌었다고 한다. 금빛공인중개사사무소 K대표님은 블로그를 통해 논산지역의 상위 1% 공인중개사로 자리매김했다.

5
3개월이면 20년 베테랑 이기는 마케팅

은평뉴타운에서 20년 이상 중개업을 하시는 D공인중개사사무소 사례다. 대표 공인중개사의 연세도 칠순에 가깝고, 아이들도 다 키웠으니 용돈이나 벌 요량으로 은평구의 상권이 좋지 않은 곳에서 공인중개사사무소를 운영 중이었다. 혼자서 중개업을 하고 계셨는데, 40대 초반의 경력이 거의 없는 남자직원이 일하고 싶다고 찾아왔다고 한다. 채용계획이 없었기 때문에 기본급 없이 남자직원이 계약한 건에 대해 비율제로 급여를 지급하는 조건으로 부담 없는 형태로 채용을 했다. 경력이 없었으므로 큰 기대 없이 채용한 직원이었으나, 결과는 과히 놀라웠다. 남자직원이 입사한 지 불과 3개월 만에 매출이 10배가 뛴 것이다.

하지만 해당 D공인중개사사무소의 대표님은 이유를 알 수가 없었다. 뭔지 모르지만 퇴근을 하지 않고 밤 12시가 넘도록 컴퓨터를 하다가 퇴근한다고 말씀하셨다. 이 직원이 퇴사하면 다시 매출하락이 불 보듯

뻔하므로 본인이 배우고 싶다고 교육을 오셨다. 직원에게 뭘 하냐고 물어봐도 제대로 대답도 잘 안 해주고, 들어도 무슨 소리인지도 모르겠다고 필자한테 교육을 받기 위해 찾아와서 확인을 부탁하셨다.

해당 D공인중개사사무소를 검색해본 결과 블로그와 카페, 홈페이지를 운영하고 있었으며, 파워링크 광고를 운영하고 있었다. 기존에는 네이버 부동산 광고만 하고 있었으며, 여기에 추가해 블로그, 카페, 키워드광고를 운영해 매출의 10배 상승효과를 봤던 것이다. 해당 D공인중개사사무소 대표님은 교육을 통해 해당 직원의 급여조건을 인상해주고, 온라인 마케팅 협조를 통해 매출을 유지하고 있다.

또 다른 사례는 2년 전 삶의 끝자락에서 만난 여성분이 있다. 인천 송도신도시에 거의 전 재산을 투자해서 곰탕집을 오픈했지만, 결과는 참담하기만 했다. 권리금은 모조리 다 날리고, 보증금도 거의 다 까먹고 남은 일부만을 가지고 상권이 좋지 않은 곳에 작은 부동산 중개업소를 겨우 오픈할 수 있었다. 이제 이곳만이 삶의 희망이고, 부동산이 안 될 경우 살 수 없다고 했다.

교육 첫날 그 모습을 지금도 잊을 수가 없다. 10년간 공인중개사를 대상으로 교육을 하면서 수천 명의 부동산 중개업 종사자를 만나왔다. 그 많은 교육생들 중에서도 유난히 가슴을 찡하게 만들었던 교육생이었다. 그분은 교육받는 중에 인천 연수구에서 부동산 중개업소를 오픈했는데, 창업비용이 적어서 상권이 좋지 않은 상가였다. 생초보이면서 기존의 부동산 중개업소를 인수한 것이 아니라 일반 상가를 임차한 것이어서 부동산 매물도 없고, 손님도 없었다. 정말 맨땅에서 시작해야 하는지라 명함작업을 발로 뛰면서 온라인 마케팅을 병행해야만 했다.

매일 새벽에 2~3시간을 명함을 돌리고 일과를 시작했으며, 일과 교육을 병행하면서도 정말 열심히 컴퓨터 활용과 온라인 마케팅 교육에 임했다. 열정적인 성격이기도 하지만 절박한 상황이 더해져 정말 열심히 노력했다. 블로그를 배우고 시작하면서 배운 대로 매일 1개의 포스팅을 하면서 꾸준히 성실하게 운영하고, 블로그 협업도 진행했다.

블로그 운영 3개월 차에 블로그를 통한 첫 계약이 성사되었으며, 지금은 인천 전역에서 상가매물과 관련된 블로그 글은 대부분 상위노출되고 있는 상태다. 블로그에 인천 상가매물이 1위로 올라오기 시작하면서부터는 팔아 달라는 상가 매물이 쏟아져 나왔고, 상가 매물을 찾아달라는 손님들의 발길이 끊이지를 않는다. 짧은 기간 내에 블로그와 명함작업을 통해 인천지역 상가매물을 가장 많이 확보할 수 있었다. 현재는 블로그를 통한 계약이 전체 계약의 90%이며, 안정적인 매출을 유지하고 있다.

D공인중개사사무소 블로그는 '인천상가여전사'라는 브랜드명으로 운영 중이다. 부동산 블로그의 위력은 정말 대단하다. 상가는 부동산 중개업에서도 계약이 힘든 종목으로 경력이 많은 분들도 힘들어하는 분야다. 안정적인 매출이 나오기까지 기간이 걸리는 분야이기 때문이다. 상가는 찾는 지역 범위도 넓고 안정적이지 않기 때문에 여성분들이 특히 꺼려 하는 종목 중 하나인데, 정말 빠르게 자리 잡은 성공 케이스다.

앞의 사례에서 보듯이 온라인 마케팅을 통해서 오랜 경력자들을 빠른 기간 내에 이길 수 있는 경쟁력을 가질 수 있었으며, 그것이 매출 상승으로 이어졌다. 지금 위기를 느끼는 분이나, 이제 막 부동산 중개업에 입문하는 초보 공인중개사라면 당장 온라인 마케팅을 시작해야 한다. 온라인 마케팅으로 상위 1% 공인중개사가 될 수 있는 경쟁력을 갖춰야 한다.

PART 3

부동산 블로그, 선택이 아닌 필수!

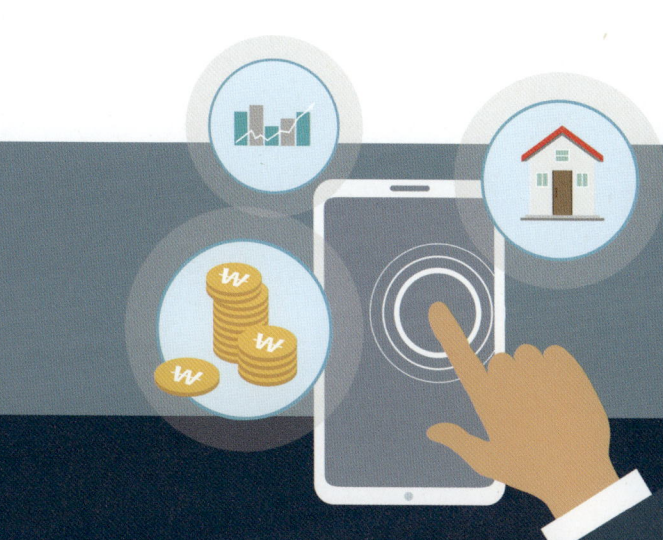

1 부동산 블로그 개설하기

　부동산 블로그는 포털 점유율이 높은 네이버에서 운영하는 것이 효과적이다. 네이버 아이디가 있다면 이미 블로그가 존재하고 있다. 만약 아이디가 없다면 회원 가입을 해야 한다. 네이버는 동일한 휴대폰 번호로 3개의 아이디를 만들 수 있다. 즉, 아이디 하나에 블로그 하나가 존재하므로, 최대 3개의 블로그를 운영할 수 있다.

자료 3-1 블로그 화면

출처 : 네이버(이하 네이버 블로그 화면 공통)

● **네이버 블로그 화면 살펴보기**(예시 : 2단 레이아웃)

① **타이틀** : 상호 또는 브랜드명, 캐치프레이즈 등이 표기되고, 타이틀 디자인이 들어가는 곳이다.

② **프로필** : 신뢰감을 줄 수 있도록 사진을 반드시 등록하고, 간단한 소개글과 개설등록번호를 넣어주는 것이 좋다.

③ **카테고리** : 게시판 유형별로 부동산 맞춤 카테고리를 정리해야 한다.

④ **포스트 영역** : 블로그에 쓴 글들이 보이는 영역이다.

자료 3-2 블로그 정보

● **블로그 기본 설정**(관리메뉴-기본 설정-블로그 정보)

❶ 블로그명은 본인의 브랜드가 있다면 브랜드명을 입력하고, 아니라면 지역명과 함께 상호를 입력한다. 부동산 중개업소 상호는 전국에 똑같은 상호가 너무나 많기 때문에 검색해서 블로그를 찾아

올 수 있도록 반드시 지역과 함께 상호를 써야 한다.

② 별명은 상호나 평소에 사용하는 닉네임도 좋다. 단, 밝고 긍정적인 것으로 해야 한다.

③ 소개글은 간단하게 작성하고, 반드시 소개글란에 개설등록번호를 기입하도록 한다. 사업자정보 위젯을 등록하겠지만, 개설등록번호 기입란이 없기 때문에 소개글에 기입하는 것이 좋다. 중개대상물에 대한 홍보성 글을 블로그에 올릴 경우 반드시 사업장에 대한 정보(개설등록번호 포함)가 공개되어야 한다.

④ 내 블로그 주제에서 부동산 중개업은 비즈니스·경제를 선택한다.

⑤ 블로그 프로필 이미지는 반드시 본인 사진을 올리도록 한다. 가능한 프로필 전문 사진관에서 전문가 냄새가 물씬 나는 사진을 찍어서 올리도록 한다. 블로그는 오프라인이 아닌 온라인 마케팅으로 신뢰감이 절대적인 마케팅이다. 곳곳에 얼굴이 공개되면 이미 온라인에서 익숙해진 상태로 사무실을 찾게 되므로 훨씬 더 친근함을 느낄 수 있어 계약률을 높일 수 있다.

⑥ 최근에는 컴퓨터보다 모바일을 통한 검색이 훨씬 많으므로 모바일앱 커버 이미지도 반드시 만들어서 등록하도록 한다.

● **블로그 주소**(관리메뉴-기본 설정-블로그 주소)

네이버 블로그 주소는 'https://blog.naver.com/네이버 아이디' 형태로 자동 부여되지만, 'https://네이버 아이디.blog.me' 형태로 변경할 수 있다. 별도로 도메인을 구매해 개인 도메인을 사용할 수도 있다. 도메인의 구매는 후이즈, 가비아 등 도메인 사이트에서 연 단위로 비용을 지불하고 사용할 수 있다. 하지만 최근에는 검색을 통한 블로그 방문이 대부분이고, 주소로 직접 입력해서 들어오는 경우는 적으므로 블로그 주소는 크게 신경 쓰지 않아도 된다.

> **Tip 오래된 블로그를 사용해도 될까?**
>
> 몇 년 전에 운영하던 블로그가 있는데, 이 블로그를 운영하는 것이 좋을지, 아니면 새로운 블로그를 만들어서 운영하는 것이 좋을지를 문의하는 경우가 많다. 오래된 블로그 사용 여부를 판단하기 위해서는 일주일 정도 블로그를 운영해본 이후에 판단을 해야 한다. 오래전에 운영했지만 블로그 품질에 문제가 없다면 그 블로그를 운영하는 것이 더 빨리 상위노출이 되는 것을 확인할 수 있다. 하지만 일주일 운영한 결과 노출이 안 되면 이전부터 문제가 있는 블로그였을 가능성이 높으므로 새로운 블로그를 운영하는 것이 좋다.

2
블로그 디자인과
부동산 맞춤 카테고리
메뉴 설정

　부동산 블로그는 너무 화려한 디자인보다 심플하게 만들어 부동산 정보를 빨리 찾을 수 있도록 하는 것이 더 중요하다. 블로그는 디자인이 좋다고 마케팅 효과가 좋은 것이 아니다. 가장 우선순위는 블로그에 담긴 내용이 신뢰감 있고, 양질의 콘텐츠가 있어야 결국 매출 상승으로 이어진다. 디자인이 너무 복잡하거나 화려하면 블로그 포스팅 내용보다 디자인에 시선을 빼앗기므로, 심플한 디자인으로 만들고 블로그의 글 내용이 돋보이도록 하는 것이 좋다.

● 레이아웃·위젯 설정(관리메뉴-꾸미기 설정)

레이아웃·위젯 설정

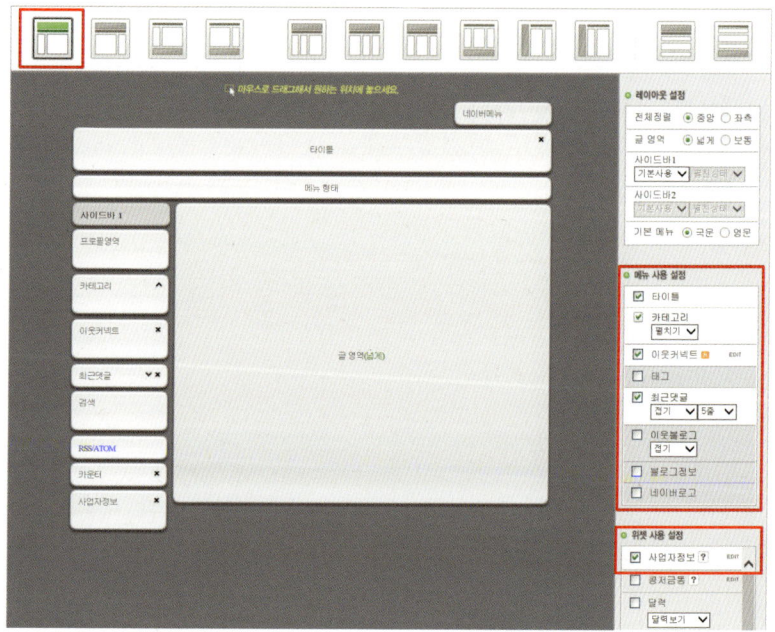

자료 3-3 레이아웃 · 위젯 설정

　레이아웃·위젯 설정 화면에서 맨 왼쪽 2단 레이아웃을 선택한다. 최근에는 와이드 형태(레이아웃 중 맨 오른쪽)의 홈페이지형 블로그 디자인을 사용하는 경우가 많아지고 있다. 와이드 형태는 블로그가 아니라 마치 멋진 홈페이지 느낌을 줘서 디자인 만족도가 높다. 와이드형 디자인은 배너를 상단으로 배치해 카테고리 메뉴를 대체하게 되고, 카테고리 메뉴는 잘 안보이도록 블로그 하단으로 배치된다. 하지만 여전히 2단 형태의 레이아웃 디자인이 가장 익숙한 형태로 제일 많이 사용한다.

　오른쪽 메뉴 중 메뉴 사용 설정에서 타이틀, 카테고리, 이웃커넥트,

최근댓글만 체크하고, 나머지는 체크 해제해서 블로그 메인 화면에서 보이지 않도록 한다. 블로그에 너무 많은 메뉴들이 있어도 시선을 분산시켜 매물에 집중할 수 없으므로, 필요 없는 기능은 다 체크 해제해 가능한 심플한 형태로 블로그를 운영하는 것이 좋다.

오른쪽 하단 메뉴 위젯 사용 설정에서 반드시 사업자정보 위젯을 체크해서 사업자정보를 전부 기입해야 한다.

자료 3-4 사업자정보 설정

사업자정보 설정은 빈칸 없이 모두 기입해야 한다. 항목 중에서 사이버몰이용약관은 블로그 주소로 해주고, 통신판매신고번호는 통신판매신고면제를 선택하면 된다. 부동산 중개업은 통신판매신고 면제 업종이다.

블로그에 중개대상물, 즉 부동산 매물에 대한 글을 쓰려면 반드시 사업자정보와 개설등록번호가 블로그 메인 화면에서 확인되어야 한다. 하지만 사업자정보 위젯에는 개설등록번호를 넣을 수 있는 항목이 없어서 프로필 소개글에 개설등록번호를 넣는 것이 좋다.

중개업소 대표가 아닌 직원들도 블로그를 운영할 수 있다. 하나의 부동산 중개업소에 블로그를 운영할 수 있는 개수의 제한은 없다. 무한대로 운영할 수 있다. 단, 본인이 운영하거나 소속된 사업자정보를 블로그에 게시하면 되는 것이다.

● **블로그 세부 디자인 꾸미기**(관리메뉴-꾸미기 설정-세부 디자인)

세부 디자인에서는 블로그의 스킨, 타이틀 디자인과 메뉴바, 프로필 등의 디자인을 세부적으로 변경할 수 있으며, 네이버에서 제공하는 기본 디자인을 활용해 꾸밀 수 있도록 되어 있다.

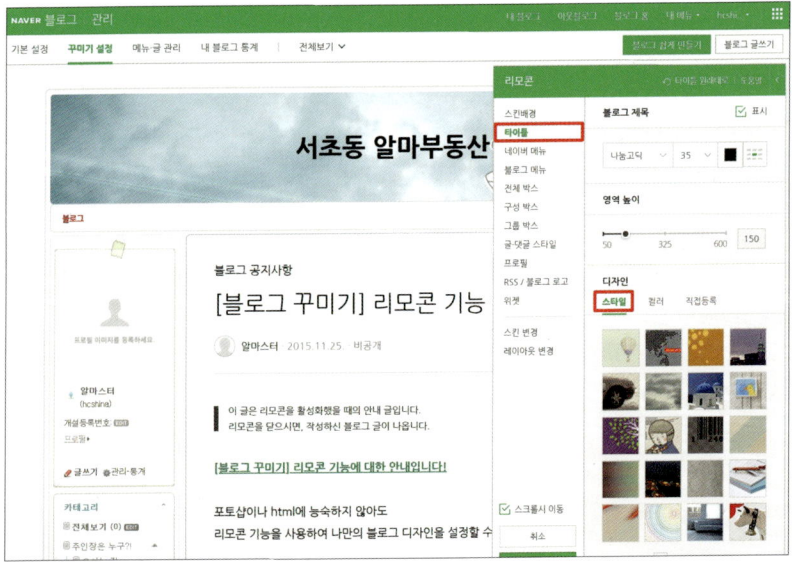

자료 3-5 타이틀 디자인

타이틀 디자인은 세부 디자인의 타이틀 메뉴에서 네이버에서 제공하는 기본 디자인을 적용하면 간단하게 타이틀 디자인이 적용된다. 하지만 기본으로 제공하는 디자인이 너무 단조로워서 타이틀 디자인은 본인이 직접 만들어서 올리거나, 디자인 회사에 의뢰해서 만드는 분들이 대다수다. 타이틀 디자인을 직접 만드는 방법은 포토샵, 파워포인트 등으로 만들 수 있으며, 가로 966픽셀, 세로 30~600픽셀 사이즈로 만들면 된다.

● **카테고리 메뉴 만들기**(관리메뉴-메뉴·글·동영상 관리-블로그)

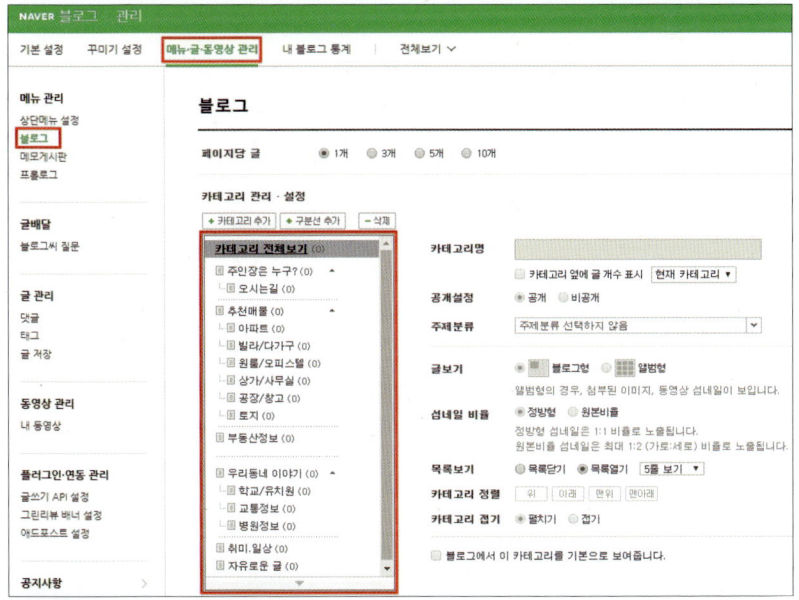

자료 3-6 메뉴·글·동영상 관리

카테고리 메뉴의 구성은 부동산 사무실마다 각각 다를 수 있으나 [자료 3-6]의 샘플 카테고리 메뉴를 참고해 본인이 취급하는 종목을 추가하거나 변경하면 된다. 카테고리 메뉴에 반드시 넣어야 하는 것 중 하나는 블로그 운영자 소개 메뉴다. 온라인 마케팅은 신뢰감이 최우선이기 때문에 운영자 소개가 정말 중요하다. 매물 항목 외에 주택을 주로 하는 부동산은 학교정보, 유치원정보를 메뉴항목으로 추천 드린다.

그 외에 블로그는 매물 외에도 정보 글이나 일상 글도 많이 올라가야 하기 때문에 먹거리 정보, 볼거리 정보를 올릴 수 있는 카테고리 메뉴와 주제가 맞지 않는 애매한 글들을 모아놓을 수 있는 자유로운 글 항목이 필요하다.

카테고리 메뉴는 언제든지 수정, 삭제 가능하지만, 카테고리 메뉴를 삭제하면 해당 카테고리 메뉴에 포함된 글들이 모두 삭제되므로 주의해야 한다. 일단 삭제되면 복구가 불가능하다.

부동산 블로그 디자인은 부동산 정보를 쉽게 찾을 수 있는 심플한 디자인 형태로 하는 것이 좋다. 타이틀 디자인은 우리 사무실을 브랜딩할 수 있는 브랜드명과 슬로건으로 각인시킬 수 있도록 해야 한다.

③ 블로그 상위노출 비법

　부동산 블로그 운영의 핵심은 상위노출이다. 부동산 블로그의 상위노출은 매출에 직접적인 영향을 주기 때문이다. 즉, 검색을 했을 때 첫 페이지나 최소한 2~3페이지 이내에 노출이 되어야만 효과를 볼 수 있다.

　네이버 블로그 검색노출 기준은 '여러 요소를 종합한 관련도'순으로 이용자의 의도에 가장 적합한 검색결과를 제공하고 있다. 블로그 글의 수집과 검색은 자동화된 검색엔진이 수행하고, 검색결과 노출 순서 역시 자동화된 계산 방식으로 이뤄지고 있다. 네이버 블로그를 최단기간 내에 상위노출하는 비법을 알아보자.

● 성실하게 운영해야 한다

블로그는 오랫동안 매일매일 성실하게 운영한 블로그가 지수가 높다. 오랜 기간 운영한 블로그가 지수가 높으며, 똑같은 개수의 글이 있어도 불규칙적으로 글을 쓴 것보다 매일매일 꾸준히 글을 쓴 블로그의 지수가 훨씬 높다.

부동산 블로그는 얼마나 운영해야 상위노출이 될까? 키워드, 즉 검색어별로 다르다. 부동산 중개업 관련 키워드는 지역명과 함께 검색하기 때문에 검색노출 난이도가 중간 정도에 속한다. 중급 키워드의 경우에는 매일매일 열심히 블로그를 운영할 경우 한 달 반에서 두 달 정도면 상위노출이 된다. 물론, 부동산 중개업에도 상위노출에 시간이 걸리는 분양이나 신도시 등처럼 상위노출 난이도가 높은 키워드도 존재하고, 검색을 잘 하지 않고 글도 거의 없는 하급 키워드도 있다. 난이도가 낮은 하급 키워드는 글을 쓴 후 대략 1시간 후면 검색결과에서 바로 확인을 할 수 있다.

● 소통하는 블로그가 지수가 높다

네이버 블로그는 소통을 중요하게 생각한다. 댓글, 공감, 이웃, 스크랩, 방문, 조회수 등 블로그 내에서의 소통이 상위노출에 높은 지수로 작용한다. 경쟁 블로그가 오랫동안 성실하게 운영했다면, 인기도 지수를 높여야 경쟁 블로그를 이길 수 있다. 인기도 지수를 높이려면 주변

이웃들에게 블로그 방문 및 댓글, 공감 등을 부탁해야 한다. 하지만 생각만큼 잘 해주지 않는다. 그래서 블로그 교육 등을 통해서 서로 이해관계가 맞는 분들끼리 서로 협업을 진행하는 것이 오랫동안 블로그 상위노출을 유지할 수 있는 방법 중 하나다.

● 검색엔진 최적화 글쓰기를 해야 한다

블로그는 검색엔진에 노출이 잘될 수 있도록 글을 써야 한다.

❶ 제목에는 반드시 키워드가 들어가야 한다

예를 들어 '서초동 아파트'라고 검색해보면 상위노출된 글들의 제목에 '서초동 아파트'라는 키워드가 포함되어 있는 것을 알 수 있다. 상위노출 글쓰기에서 가장 중요한 것이 제목에 키워드를 쓰는 것이다.

❷ 내용에는 제목에 들어간 키워드가 포함되어야 한다

예를 들어 '서초동 아파트'가 제목에 들어갔다면, 내용에도 서초동 아파트가 들어가야 한다. 검색엔진은 제목과 내용의 관련성을 보기 때문에 내용에 반드시 제목에 들어간 키워드가 포함되어야 한다. 키워드가 너무 과하게 들어가면 오히려 역효과를 주어 블로그 품질이 낮아질 수 있으니 주의해야 한다. 그리고 내용에 들어가는 키워드는 독자적으로 키워드만 나열하면 안 되고, 문장형태로 표현되어야 한다. 즉, 키워드가 들어간 문장의 글을 써야 한다.

③ 사진과 동영상이 포함되어야 한다

블로그 글에는 사진이 필수다. 사진이나 동영상이 없는 글은 검색노출이 거의 안 된다. 사진을 사용할 때에는 원본 사진을 올려야 하고, 한 번만 사용해야 한다. 한 번 사용했던 사진을 또 사용하면 검색이 안 될 뿐 아니라 품질이 떨어질 수 있다. 사진은 가능한 편집을 하지 말고 찍은 그대로 원본 사진을 올리는 것이 가장 노출이 잘된다. 평면도나 분양 자료 등 캡처된 사진을 사용할 경우에는 직접 찍은 사진을 추가해 올리는 것이 좋다. 최근에는 유튜브의 영향으로 네이버 블로그도 동영상이 중요해지고 있다. 동영상이 포함된 글이 노출이 더 잘되므로 동영상을 넣도록 한다.

검색엔진 최적화 기준은 모든 키워드가 동일하게 적용되는 것이 아니므로 본인이 사용하고자 하는 키워드를 검색해서 1위의 블로그를 참고해 키워드의 개수나 사진, 동영상 개수, 그리고 글자수 등을 1위에 준해 글쓰기를 하도록 한다.

● 최신 글이 노출이 잘된다

최신성은 글의 유용한 정보 여부를 가리는 중요한 요소 중 하나인 만큼 글의 관련도를 판단할 때 '최신성'은 중요한 판단 기준이다. 블로그는 오래된 글보다는 최근에 작성한 글이 상위노출이 잘될 가능성이 높기 때문에 같은 주제의 글이라도 새로운 내용으로 재편성해 꾸준히 글을 써야 한다.

물론, 최신 글이 무조건 상위노출되는 것은 아니며, 여러 요소를 종합한 관련도순으로 노출순위가 결정되지만, 최신 정보는 중요한 판단 기준이다.

● 신뢰도 높은 블로그, 키워드별로 선호하는 문서가 노출이 잘된다

검색랭킹의 정확도를 높이기 위해 사용되는 기술 중 문서 자체보다는 해당 문서의 출처인 블로그의 신뢰도를 평가하는 알고리즘이 있는데, 네이버 검색에서는 이를 'C-Rank'라고 부른다. C-Rank 알고리즘에서 블로그의 신뢰도와 인기도를 측정하는 핵심은 해당 블로그가 특정한 주제, 즉 '특정 관심사에 대해서 얼마나 깊이가 있는 좋은 콘텐츠를 생산해내는가'이다.

D.I.A.(다이아, Deep Intent Analysis)란 네이버의 데이터를 기반으로 키워드별로 사용자들이 선호하는 문서들에 대한 점수를 랭킹에 반영한 모델이다. D.I.A. 모델에는 문서의 주제 적합도, 경험 정보, 정보의 충실성, 문서의 의도, 상대적인 어뷰징 척도, 독창성, 적시성 등의 여러 요인들이 복합적으로 반영된다. 검색 사용자에게 도움이 되는 작성자의 후기나 좋은 정보가 많은 문서가 좀 더 상위에 노출될 수 있다. 검색어에 따라 검색 시점, 문서가 쓰인 날짜에 랭킹이 더 민감하게 반응하기도 한다.

D.I.A. 모델의 다양한 로직이 적용되면, C-Rank가 높거나 D.I.A. 점수가 높을수록 랭킹에 유리하다. 학습데이터에 의하면, 많은 검색 사

용자들은 대체적으로 본인이 실제 경험한 체험기, 누구나 선호할 만한 상세한 정보, 특정 분야의 깊이 있는 의견 등을 좋아하는 것으로 보인다. 네이버 검색결과에는 콘텐츠의 변화와 사용자들의 요구에 맞춰 크고 작은 변화들이 끊임없이 반영되고 있으며, 항상 상위노출을 고정적으로 보장하는 출처 개념은 존재하지 않는다.

10년간 블로그를 운영 및 컨설팅한 결과, 블로그 상위노출은 양질의 글을 꾸준히 성실하게 운영하는 것이다.

> **Tip 검색엔진 최적화(SEO, Search Engine Optimization)란?**
>
> 검색엔진 최적화는 웹페이지에서 검색엔진이 자료를 수집하고 순위를 매기는 방식에 맞게 웹페이지를 구성해서 검색결과의 상위에 나올 수 있도록 하는 작업을 말한다. 네이버 블로그에 글을 쓰는 방법도 네이버 검색엔진 최적화 방법으로 맞춰 글을 써야 검색결과 상위에 나오게 되므로 글 쓰는 방식이 매우 중요하다.

4. 매출을 올려주는 부동산 맞춤 키워드 찾기

　부동산 중개업은 키워드가 지역명과 종목을 조합해서 사용하는 업종으로 비교적 키워드 찾기가 쉬운 업종이다. 예를 들면 서초동에서 아파트 전문으로 중개업을 한다면 '서초동 아파트'라는 키워드를 사용하면 되고, 서초동에서 상가를 전문으로 한다면 '서초동 상가'를 키워드로 사용하면 된다.

　키워드는 크게 대표키워드와 세부키워드로 구분하는데, 대표키워드는 검색 조회수가 많으며 업종을 대표하는 키워드를 대표키워드라고 한다. 예를 들면 '부동산', '아파트' 등이 대표키워드다.

　세부키워드는 검색량은 적지만, 타깃팅된 검색어로 고객의 니즈가 반영되었을 뿐 아니라, 경쟁이 덜 치열하기 때문에 블로그 글을 빠르게 상위노출시킬 수 있다. 예를 들면 '서초동 아파트 전세', '서초동 래미안 1차 전세', '서초동 상가 임대' 등이다.

그렇다면 우리 사무실 키워드는 어떻게 찾아볼 수 있을까?

첫째, 지역명과 본인의 종목을 조합해본다. 부동산 중개업은 아파트, 상가, 사무실, 원룸, 오피스텔, 다가구주택, 빌라, 토지, 공장, 창고 등이 대표적인 종목이다. 지역과 종목 또는 아파트명이나 오피스텔명을 조합하고, 여기에 더해 매매, 전세, 월세, 임대 등을 한 번 더 조합하면 훌륭한 세부키워드가 된다.

둘째, 연관검색어와 자동검색어 완성기능에서 키워드를 찾아내자. 연관검색어와 자동검색어 완성기능을 보면, 해당 검색어와 관련된 연관도 높은 검색어를 보여주므로 여기서 사용 가능한 키워드를 찾아 사용하자.

셋째, 네이버 광고 키워드도구를 활용해 키워드를 찾아내자. 네이버 광고 사이트(https://searchad.naver.com) 도구메뉴의 키워드도구를 활용하면 정확한 검색 통계 데이터를 이용한 키워드 추출이 가능하다.

사실 부동산 매물과 관련된 키워드 추출을 하다 보면 가장 많은 오류가 지역명에서 나타난다. 지역명을 다양하게 사용하는 지역이 있는가 하면, 미처 생각하지 못한 지역명으로 검색하는 경우도 많다. 예를 들어 평택 고덕국제신도시의 경우, 지역명을 평택 고덕국제신도시라고도 검색하지만, 평택고덕신도시, 평택고덕, 고덕신도시, 고덕단지, 고덕국제신도시, 고덕, 평택, 평택시 등 다양한 지역명 키워드를 사용해 검색한다. 본인 지역이 다양한 지역명을 사용하는 경우라면, 반드시 네이버 광고의 키워드도구를 활용해야 한다.

지명이 같은 경우도 많다. 논현동의 경우 서울 강남구 논현동도 있지만, 인천 남동구 논현동도 있다. 이럴 경우 논현동으로도 키워드를 잡아야겠지만, 시·도〉군·구〉동·면을 모두 사용한 지명으로도 키워드를 잡아줘야 한다.

　매물 외에 정보 글이나 일상 글도 키워드가 중요하다. 같은 주제의 글을 쓰더라도 어떤 키워드를 쓰느냐에 따라 방문자수나 검색순위가 달라지기 때문이다. 결국 정보 글이나 일상 글을 통해 유입되는 방문자가 많아지면 블로그 지수가 높아져 매물과 관련 글의 검색순위가 상승하기 때문에 매출에도 영향을 준다고 할 수 있다.

　블로그 지수가 낮은 블로그 운영 초기에는 치열하지 않은 키워드를 사용해야 하고, 블로그 지수가 높아지게 되면 검색량이 많은 키워드를 써줘야 방문자도 늘어나고 블로그 지수가 효율적으로 상승할 수 있다. 예를 들어 꽃게의 경우 블로그 지수가 높지 않을 경우에는 꽃게를 키워드로 잡게 되면 순위가 밀려서 방문자가 늘지 않는다. 하지만 활꽃게로 잡아준다면 검색순위가 높아 방문자가 늘어나면서 블로그 지수가 높아진다.

연관키워드	월간검색수		월평균클릭수		월평균클릭률		경쟁정도	월평균노출광고수
	PC	모바일	PC	모바일	PC	모바일		
꽃게	4,690	30,000	28	552	0.64%	1.99%	높음	15

자료 3-7　네이버 키워드광고의 키워드도구로 살펴본 꽃게 검색량

연관키워드	월간검색수		월평균클릭수		월평균클릭률		경쟁정도	월평균노출광고수
	PC	모바일	PC	모바일	PC	모바일		
활꽃게	80	540	0.8	4	1.02%	0.81%	높음	15

자료 3-8　네이버 키워드광고의 키워드도구로 살펴본 활꽃게 검색량

이렇게 매물 관련 글이 아니지만 블로그의 모든 글은 블로그에 직간접적으로 영향을 미치므로 블로그 운영에 있어서 키워드는 정말 중요하다. 매출을 올려주는 부동산 키워드는 다양하게 검색되고 있는 지역명을 찾아내고, 타깃팅된 세부키워드를 찾아내는 게 핵심이다. 타깃팅된 세부키워드는 블로그 상위노출이 쉬워 매출상승으로 이어진다.

⑤ 검색엔진이 좋아하는 글쓰기

　부동산 블로그의 상위노출을 위해서는 글 쓰는 방법이 정말 중요하다. 최단기간 블로그 상위노출을 위해서는 검색엔진 최적화 글쓰기를 해야 한다. 네이버 블로그의 글쓰기 에디터는 두 가지가 있는데, 이전 버전인 스마트에디터2.0과 스마트에디터ONE이 있다. 어느 버전에서 글쓰기를 해도 검색순위는 똑같다. 다만, 스마트에디터ONE은 스마트폰 환경에서 글을 쓰기 편하도록 만든 에디터다. 스마트에디터ONE에서 검색엔진 최적화 글쓰기를 해보자.

자료 3-9 검색엔진 최적화 글쓰기 예시

● 제목에 반드시 키워드를 넣어서 제목을 입력해야 한다

　제목은 가능한 짧게 쓰는 것이 좋다. 구구절절 길게 나열하지 말고 간략하고 함축적으로 제목을 완성한다. 예를 들면 서초동 아파트 전세에 대한 글을 쓰려고 한다면, 제목을 '서초동 아파트 전세 올리모델링'으로 고객들이 많이 검색하는 키워드와 장점을 최대한 함축해서 제목을 표현해줘야 한다. 짧은 제목이 검색순위가 높으므로 제목은 가능한 짧게 써야 한다. 제목에 키워드는 한 개만 쓰는 것이 좋으며, 제목에 여러 개의 키워드를 공략하는 것은 검색순위에서 결과가 좋지 않을 수 있다.

● 본문에는 제목에 들어간 키워드가 문장형태로 들어가야 된다

앞의 예를 보면 제목에 '서초동 아파트 전세'가 키워드다. 그럼 내용에는 서초동 아파트 전세를 포함한 문장의 글을 써야 한다. 예를 들어 문장을 표현해보자.

'서초동 아파트 전세 매물은 교통이 편리하고 편의시설이 많아 선호도가 높습니다. 특히, 올리모델링으로 신축 아파트 수준의 럭셔리 인테리어를 서초동 아파트 전세로 누릴 수 있습니다.'

앞의 문장처럼 제목에 들어간 키워드인 '서초동 아파트 전세'라는 키워드를 포함한 문장으로 표현해야 한다.

● 본문에 사진과 동영상이 들어가야 한다

사진에는 가능한 워터마크만을 찍어 편집을 최소화한 사진을 사용하는 것이 좋다. 평면도나 분양자료 등 기존 이미지를 활용해야 할 경우에는 실사진을 반드시 함께 사용하는 것이 좋다. 물론, 정보 글이나 일상 글은 사진을 편집하지 말고, 원본 사진 그대로 사용하는 것이 상위 노출에 유리하다.

스마트에디터ONE에서 워터마크 찍는 방법은 사진을 올린 후 사진을 더블클릭하면 사진 편집화면이 나타난다. 서명을 선택해서 사진 아래

텍스트를 누른 후, 사진 위의 텍스트 박스에 상호와 전화번호를 입력하고, 크기와 색깔, 글꼴 등을 지정한다. 여러 장에 일괄적용하려면 사진 아래 모든 사진을 선택하면 된다.

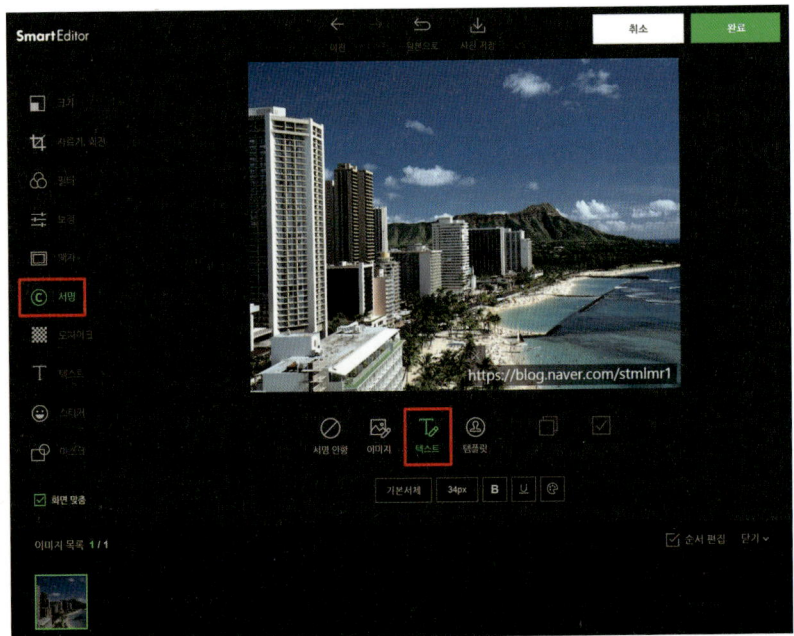

자료 3-10 스마트 에디터의 사진 텍스트 입력

● 본문 글의 양이 충분히 많아야 한다

본문내용은 충분한 양의 글을 써야 한다. 내용이 너무 짧으면 검색순위에서 밀리게 되는 경우가 많으니, 최소한 1,000자 이상의 글을 쓰도록 한다.

블로그 상위노출은 모든 키워드가 동일하게 적용되는 것이 아니므로, 쓰려고 하는 키워드로 검색해서 현재 네이버 블로그 1위를 기준으로 키워드 개수, 사진 개수, 동영상 개수, 글자수 등을 적용하는 것이 좋다.

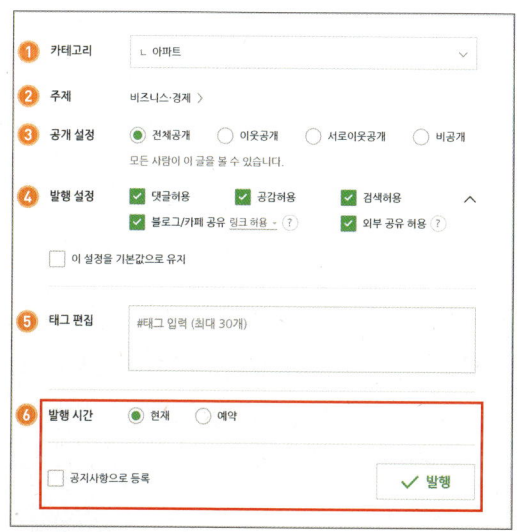

자료 3-11 블로그 글쓰기 설정

① 블로그 글쓰기가 마무리되었다면 발행 버튼을 눌러 설정 창에서 설정 내용을 확인해야 한다. 내용에 적절한 카테고리 메뉴를 선택한다.

② 주제는 부동산 매물의 경우 비즈니스·경제를 선택하고, 일상이나 정보 글에 내용에 맞는 적당한 주제를 선택하면 된다.

③ 공개 설정은 전체공개를 선택한다. 전체공개를 선택해야 모든 사람이 글을 볼 수 있다.

④ 발행 설정의 댓글허용, 공감허용, 검색허용, 블로그/카페 공유, 외부 공유허용을 전부 체크해줘야 한다. 허용이 되어 있어야 댓

글을 달거나 공감 버튼을 누를 수 있으며, 검색뿐만 아니라, 외부 사이트로 스크랩, 외부 사이트에 노출이 되는 중요한 설정이다.

❺ 태그 편집은 태그로 입력된 검색어를 블로그 내에서 모아보기 기능이다. 태그는 현재 검색과는 무관하므로 안 써도 된다. 태그를 많이 쓰면 오히려 저품질 블로그가 될 수 있으니, 꼭 필요한 키워드만 최소한으로 입력하거나 입력을 안 해도 무방하다.

❻ 발행버튼을 누르면 해당 글이 블로그에 바로 올라간다. 예약 기능도 있어 시간 여유가 있는 날은 글을 많이 써서 예약으로도 올릴 수 있다. 하지만 예약 기능은 너무 많이 쓰지 말고 꼭 필요한 경우에만 사용하는 것이 좋다.

블로그에 매일매일 꾸준히 글을 쓴다는 것은 인내와 노력이 필요한 힘든 작업이다. 하지만 정성을 들인 블로그는 매출 향상으로 이어지므로 포기하지 말고 끝까지 해야 한다.

> **Tip** 블로그 본문내용에 들어간 키워드 수는 어떻게 셀까?
>
> Crtl + F를 눌러 찾기 기능을 이용하면 키워드가 노란색으로 강조되기 때문에 키워드를 찾기가 쉽다.

> **Tip** 글자수는 어떻게 셀 수 있을까?
>
> '네이버 글자수 세기' 라고 검색해보자. 그럼 텍스트를 입력할 수 있는 박스가 나오는데, 여기에 블로그 글 전체를 복사해서 붙여넣기 하면 공백포함 글자수와 공백제외 글자수가 나온다. 블로그에서는 공백제외 글자수로 세면 된다.

초간단 사진 편집,
동영상 제작 노하우

　부동산 블로그를 운영하려면 사진 편집과 동영상 편집은 필수적으로 해야 하는 작업들이다. 편리한 편집프로그램을 이용하면 최단시간에 멋진 사진과 동영상을 만들 수 있다.

　사진 편집프로그램들은 정말 많다. 그중 무료이면서 막강한 프로그램 중 하나가 포토스케이프다. 물론 포토샵이나 파워포인트 등을 이용한다면 더 다양한 편집이 가능하겠지만, 포토샵이나 파워포인트 사용법을 모른다면 포토스케이프 프로그램으로도 훌륭한 편집이 가능하다.

● 강력한 사진 무료 프로그램 포토스케이프

포토스케이프는 포털 사이트 검색을 통해 무료로 설치할 수 있다.

자료 3-12 포토스케이프 화면

출처 : 포토스케이프

① 포토스케이프 사진 편집 기능

사진 편집 메뉴로 들어가서 사진에 액자 씌우기, 사진 사이즈변경, 워터마크(상호, 전화번호 등) 삽입, 사진 자막 삽입, 사진 보정 등 다양한 기능들을 활용해 사진을 편집할 수 있다.

② 포토스케이프 일괄 편집 기능

일괄 편집 기능은 포토스케이프의 막강한 장점 중 하나인데, 여러 장에서 수백 장 이상의 사진을 한꺼번에 편집할 수 있는 기능이다. 사진 편집 기능에 있는 거의 모든 기능을 한꺼번에 적용할 수 있어 여러 장 또는 많은 양의 사진을 편집할 때는 시간단축 및 활용도가 높다.

③ 포토스케이프 GIF애니메이션 기능

포토스케이프의 가장 막강한 기능은 GIF애니메이션 만들기다. 여러 장의 사진을 이용해서 움직이는 사진을 만들어주거나, 인터넷명함 등을 깜빡이게 만들어주는 기능으로 블로그에서 시선을 잡아주는 이미지를 만들고 싶다면 이 기능을 활용하면 된다.

최근에는 편집된 사진보다 원본 사진을 이용하는 것이 검색이 잘되므로 일상이나 정보 글에는 가능한 편집되지 않은 원본 사진을 이용해 글을 쓰고, 매물 관련 글을 쓸 때만 편집기능을 이용하는 것이 좋다.

● 초스피드 동영상 편집 알씨 프로그램

유튜브의 영향으로 블로그 상위노출에도 동영상이 중요해졌다. 매물 동영상을 찍어서 멋지게 편집해서 올리면 좋겠지만, 편집이 힘들다면 사진만으로도 멋진 동영상을 만들 수 있다. 사진을 이용한 동영상 편집 프로그램으로는 무료 프로그램인 알씨 동영상 프로그램이 막강하다.

자료 3-13 알씨 동영상

출처: 알씨 동영상

　사진을 이용해서 만들지만, 오프닝 화면과 엔딩 화면을 추가할 수 있으며, 자막과 배경음악을 넣어서 간단하게 동영상을 만들 수 있다. 또한, 알씨의 화려한 화면전환 효과와 디자인 기능을 이용한다면 짧은 시간 내에 멋진 동영상이 만들어진다. 동영상은 너무 길면 지루하게 느낄 수 있기 때문에 3~4분 이내의 동영상을 만드는 것이 좋다.

● 네이버 클라우드를 이용한 사진관리 노하우

　네이버 클라우드는 1인당 1개의 네이버 아이디에 30GB의 인터넷 저장공간을 무료로 제공하는 서비스다. 최근에는 많은 분들이 네이버 클라우드를 이용해서 사진이나 동영상 문서를 저장하고 있다.

　네이버 클라우드 PC용 프로그램을 설치하면 훨씬 편리하게 네이버 클라우드를 활용할 수 있다. PC용 네이버 클라우드를 로그인하면 C드라이브나 D드라이브 등 로컬디스크랑 똑같이 네이버 클라우드 드라이브가 윈도우 탐색기에 나타나며, 사용법도 별도로 익힐 필요 없이 기존의 윈도우 사용법과 동일하게 사용하면 된다. 여기에 추가해 스마트폰에서 네이버 클라우드 앱의 설정메뉴에서 자동 올리기 기능을 활성화해놓는다면 찍은 사진을 거의 실시간으로 PC용 네이버 클라우드에서 확인할 수 있어서 정말 편리하게 활용할 수 있다.

　부동산 블로그를 운영하려면 사진과 동영상 편집이 필요하지만, 그 외에도 부동산 중개업소의 매물 브리핑 자료 등 매물 사진과 동영상 편집은 이제 필수적으로 해야 하는 작업이다. 앞의 포토스케이프나 알씨 프로그램은 연습을 통해 자유롭게 다룰 수 있도록 해야 한다.

7
저품질을 피해
블로그 운영하기

　어느 날 갑자기 부동산 블로그 방문자가 절반 이하, 심지어는 10분의 1이하까지 줄어들고, 첫 페이지에 잘 노출되던 글들이 3페이지 이후나 수십 페이지 뒤로 순위가 밀리는 경우가 생긴다. 블로그에 무슨 문제라도 생긴 것일까? 이럴 때는 블로그 저품질을 의심해봐야 한다. 그렇다면 저품질 블로그는 어떻게 확인할 수 있을까?

　네이버 고객센터로 문의를 해볼까? 하지만 네이버에서는 저품질 블로그라는 것을 절대 알려주지 않는다. 블로그 저품질을 확인할 수 있는 간단한 방법은 블로그 글 제목을 복사해서 네이버 검색창에 붙여넣기 후 검색을 해보는 것이다. 조건은 최근에 쓴 글이어야 하고, 치열하지 않은 키워드를 사용한 글이어야 한다. 검색결과 1페이지 상단에 검색이 된다면 저품질이 아니다. 하지만 몇 페이지 뒤에서도 찾기 힘들다면 저품질일 확률이 매우 높다.

그렇다면 저품질 블로그는 살릴 수 있을까? 결론을 말씀드린다면 살릴 가능성은 있지만 100% 장담할 수는 없다. 여기서 생기는 의문은 저품질된 블로그를 살리는 것이 좋을까? 아니면 새로운 블로그를 만드는 것이 좋을까? 대부분의 경우는 저품질 블로그를 버리고, 새로운 블로그를 만드는 것을 추천 드린다. 왜냐하면 저품질 탈출에 걸리는 기간보다 블로그를 새로 만들어서 상위노출 시키는 기간이 훨씬 짧기 때문이다. 블로그 저품질에서 탈출하는 기간은 수개월에서 1년 이상 걸릴 수 있지만, 부동산 중개업 블로그는 새로운 블로그를 상위노출시키는 기간이 중급 키워드의 경우 한 달 반에서 두 달 정도 소요되기 때문이다. 가장 좋은 방법은 저품질 블로그가 되지 않도록 운영하는 것이다. 그럼 저품질 블로그 예방법을 알아보자.

● 실시간 검색어, 이슈키워드 사용은 안 된다

네이버의 실시간 검색어나 이슈키워드는 사용하지 말아야 한다. 저품질 블로그 원인 중 가장 많이 비중을 차지하는 것이 실시간 검색어나 이슈키워드를 사용한 블로그였다. 네이버 실시간 검색어에 올라오는 연예인 정보, 특별한 행사, 즉 월드컵, 올림픽 등 특정 공휴일 관련 사항으로 크리스마스, 어린이날, 어버이날 등 검색을 많이 해서 실시간 검색어로 올라오는 키워드는 사용하면 안 된다.

● 유사문서 사용은 안 된다

한 번 사용했던 글, 사진, 동영상은 두 번 이상 사용하면 안 된다. 내 블로그 내에서 뿐만 아니라 카페, 홈페이지, 지식인, 뉴스 등 통합해서 적용된다. 같은 매물을 두 번 이상 올릴 경우 글은 최대한 다른 표현으로 바꿔서 쓰고, 사진은 새로운 사진을 사용해야 하며, 동영상도 새로운 동영상을 올려야 한다. 부동산 매물의 경우 대부분 한 번만 올리지 않고, 여러 번 올려야 하므로 사진과 동영상을 한 번에 대량으로 찍어서 사용하는 것이 좋다. 한 번 사용한 사진이나 동영상은 헷갈리지 않도록 사용 후에는 바로 지우는 것이 좋다.

● 블로그 어뷰징 행위는 안 된다

블로그 지수를 높이려고 글을 쓴 IP(인터넷 주소)에서 다른 아이디로 로그인해 이웃추가, 댓글, 공감, 스크랩 등의 어뷰징 행위를 하면 안 된다. IP는 100% 추적되기 때문에 같은 IP에 절대 어뷰징 행위를 하면 안 된다. 단, 휴대폰에서 WI-FI 접속이 아닌 데이터를 이용한 방문은 다른 유동 IP 주소를 사용하기 때문에 괜찮다.

● 키워드를 너무 많이 사용하면 안 된다

제목, 내용, 태그 등에 키워드를 너무 많이 사용하면 오히려 블로그 품질을 떨어뜨릴 수 있으니 주의해야 한다. 특히, 태그를 지나치게 많이 넣는 경우가 많은데 상위노출과 태그는 무관하므로 꼭 필요한 키워드만 최소한으로 사용하는 것이 좋다.

● 프로그램을 사용해 글을 쓰면 안 된다

광고대행사에서 매물을 특정 사이트에 올리면 그 매물 정보를 블로그에 자동 글쓰기를 해주는 상품이 있다. 이런 상품을 가입해도 되는지 문의가 많이 오는데, 가입하지 않는 것이 좋다. 대부분 1~2개월 정도는 상위노출도 되고 전화도 오지만, 그 이후에 블로그가 저품질로 떨어져 검색이 전혀 안 된다. 애써 키운 블로그를 하루아침에 버려야 하는 경우를 많이 봤다.

이 외에도 정상적인 방법이 아닌 것들은 문제가 될 수 있다고 보면 된다. 1개의 블로그에 동시에 2명이 글쓰기로 들어가서 포스팅을 한다거나, 장기간 예약기능만을 이용해서 글을 올리는 등 블로그를 편하게 운영하려거나 꼼수를 부리면 안 된다.

지수가 높은 블로그의 가치는 정말 크다. 부동산 매출에 엄청난 영향을 주므로, 많은 시간과 노력을 들여 애써 키운 블로그가 저품질 블로그가 되지 않도록 항상 앞의 사항들을 체크하며 운영해야 한다.

 어뷰징

검색 사용자가 상위노출을 위해 고의적으로 검색 패턴을 조작해 생성하는 것을 '어뷰징(Abusing)'이라고 한다. 검색엔진은 공정한 검색결과를 위한 이러한 어뷰징 행위를 금지하고 있다.

8

매출 10배 올리는
부동산 블로그 운영비법

부동산 블로그를 통해 매출이 10배 이상 오르는 등 놀라울 정도로 마케팅 효과가 좋은 블로그들이 있다. 수많은 교육생들의 부동산 블로그를 지켜보면서 성공한 부동산 블로그들의 운영비법을 정리해봤다.

● 블로그 상위노출이 최우선이다

블로그는 상위노출이 되지 않고는 큰 효과를 기대하기 힘들다. 일단, 무조건 블로그를 상위노출을 시켜야 한다. 이 책에서 블로그 상위노출 비법 내용을 충분히 숙지해 블로그 상위노출이 될 수 있도록 블로그를 운영해야 한다. 또 필요하다면 블로그 교육기관을 통해 교육을 받는 것도 좋은 방법이다.

● 신뢰감을 줘야 한다

블로그는 온라인 마케팅이므로 신뢰감이 최우선이다. 본인에 대한 정보를 최대한 많이 공개를 하는 것이 좋다. 사진과 함께 사무실 정보나 전문가 자격증, 수료증 등을 공개하는 것이 좋다.

하루 일과나 일상, 취미 등 최대한 주인장에 대한 많은 것들을 블로그에 담아내는 것이 신뢰감 형성에 많은 도움이 된다. 또한 글을 본인이 직접 정성스럽게 쓰는 것이 정말 중요하다. 글을 읽어보면 이 글이 광고대행사에서 쓴 글인지, 주인장이 직접 쓴 글인지 알 수가 있다. 화려하게 꾸며진 블로그보다 진솔한 글이 고객의 마음을 움직인다.

● 디테일한 정보를 제공해야 한다

네이버 부동산이나 부동산 홈페이지에는 많은 매물 정보가 있다. 그럼에도 불구하고 블로그를 찾는 고객들은 더 많은 정보를 얻기 위해 블로그를 방문하게 된다. 네이버 부동산 등에서 제공하지 않는 디테일한 정보를 제공해야 그 블로그에 관심을 가지게 된다. 대다수의 고객들은 마음에 드는 블로그가 생기면 지속적인 블로그 방문을 통해서 내용을 확인하고, 전화상담과 중개업소 방문까지 하게 된다. 매물에 대한 사진도 더 많이 제공하고, 매물 정보뿐만 아니라 주변환경이나 교통환경, 교육환경, 개발호재 등 블로그 방문자의 궁금증을 해결할 수 있는 자세한 정보를 제공하는 블로그가 계약까지 이어질 가능성이 높다.

● 차별화된 전문 정보를 제공해야 한다

대다수의 지역에서 이미 부동산 블로그를 운영 중이다. 물론 치열하지 않은 지역이 많지만 선발주자들이 존재하고 있다. 이러한 선발주자들을 이기는 방법은 차별화된 전문 정보를 제공하는 것이다. 경쟁 블로그들을 살펴봐라. 경쟁 블로그보다 더 많은 전문 정보를 찾아 제공하고, 차별화된 부동산 분석 정보를 제공해야 한다. 어느 분야든 마찬가지겠지만, 부동산도 정부의 부동산 정책과 금리 변화, 글로벌 경기, 개발계획 등 다양한 요인들로 인해 영향을 받으므로 끊임없이 공부해야 한다.

● 꾸준히 블로그를 운영해야 한다

블로그 운영은 정말 인내가 필요하다. 매일매일 블로그에 글을 써야 하는 것이 엄청난 스트레스로 다가온다. 블로그를 통해 매출이 오르게 되면 업무가 바빠지게 된다. 바빠지면서 자연스럽게 블로그에 글을 쓰는 것을 소홀하게 되는데 그러면 블로그 지수가 떨어지고, 매출하락으로 이어진다. 노출이 잘되던 블로그가 저품질로 떨어지게 되면, 그 충격으로 블로그에서 손을 놓는 분들도 많이 봤다. 블로그 운영은 자기와의 싸움이다. 끝까지 놓지 말고, 꾸준히 블로그를 운영한 분들이 결국 상위 1% 공인중개사가 된다는 것을 잊지 말자.

● 브랜드 마케팅을 해야 한다

부동산 경기가 한참 좋을 때는 잘되는 지역으로 옮겨 다니면서 부동산 중개업을 하는 업소가 돈을 많이 벌었지만, 이제는 한곳에서 오랫동안 터를 잡은 부동산이 안정적인 매출을 올리고 있다. 앞으로 10년, 20년을 위한 장기적인 브랜드 마케팅을 반드시 고민해야 한다.

부동산 중개업소의 상호는 천편일률적이다. 현대 부동산, 래미안 부동산, 푸르지오 부동산, 자이 부동산 등 대부분 아파트명을 이용한 상호가 가장 많고, 그 외에 비슷비슷한 상호들로 딱히 기억에 남지 않는 상호가 대다수다. 그렇기 때문에 나만의 브랜드를 고민해야 한다. 인터넷 마케팅을 위한 브랜드는 상호와 별개로 운영해도 무관하다. 어느 정도 브랜드 인지도가 생겼을 때는 상호를 브랜드명으로 변경하는 것도 좋은 방법이다. 노력과 정성이 담긴 양질의 콘텐츠를 꾸준히 성실하게 제공하면서, 상위노출이 잘되는 블로그의 마케팅 효과는 그 어떤 유료 광고보다 마케팅 효과가 크다.

PART

블루오션,
유튜브 부동산 스타되기

1
부동산 유튜브 채널 개설

　부동산 중개업의 블루오션, 유튜브 채널 개설을 위해서는 구글 계정이 필요하다. 유튜브는 구글 계정을 사용하기 때문에 아직 계정이 없거나, 기존 계정에 개인적인 Gmail, 구글 플러스, 블로그 등을 사용하고 있다면, 새로운 구글 계정을 만들어 독립적으로 유튜브 채널을 운영하는 것이 좋다. 구글 계정을 만들기 위해서는 구글 사이트(https://www.google.co.kr)에서 회원 가입을 해야 한다.

● **유튜브 채널 만들기**

유튜브(https://www.youtube.com)에서 프로필 사진을 누르고, 크리에이터 스튜디오 동영상관리자에서 채널 만들기를 눌러서 만들 수 있다. 만약 채널 만들기가 안 나온다면 이미 채널을 만들었을 가능성이 높다.

자료 4-1 유튜브 채널 만들기

출처 : 유튜브(이하 유튜브 화면 공통)

채널명은 이름과 성을 입력해야 채널명이 만들어지고, 채널명 변경은 구글 계정에서 해야 한다. 프로필 이미지 등록도 구글 계정에서 등록해야 유튜브의 프로필 이미지가 변경된다.

채널명 변경 시에는 이름과 성 중 하나만 입력해도 변경된다. 유튜브 채널명은 본인만의 브랜드명을 반드시 고민해봐야 한다. 유튜브뿐 아니라 블로그나 기타 SNS 마케팅에서도 상호가 아닌 별도의 브랜딩을 하는 것이 좋다. 유튜브 채널명은 90일 동안 3번까지 바꿀 수 있으니 당장 채널명을 정하지 못했더라도 임의로 입력하고 진행하면 된다.

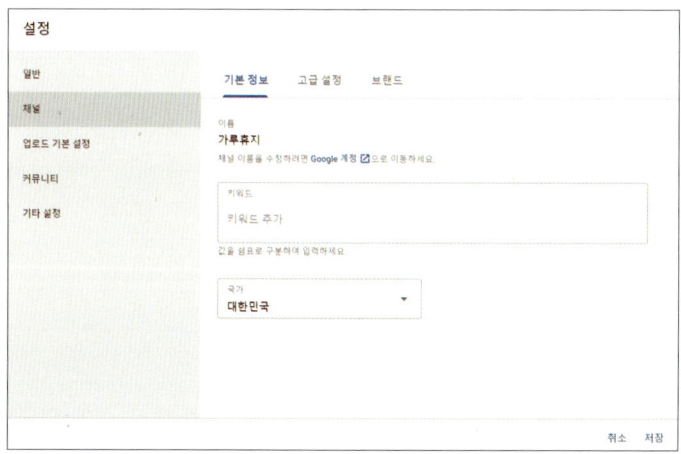

자료 4-2   채널의 기본 정보

내 채널의 기본 정보에서 국가는 대한민국, 채널 키워드를 추가해서 검색에 노출이 잘되게 해야 한다.

자료 4-3   채널의 업로드 기본 설정

내 채널의 업로드 기본 설정에서 설명 글에 운영하고 있는 블로그, 카페, 홈페이지, 네이버 부동산 등의 인터넷주소를 미리 저장해놓으면, 동영상을 올릴 때마다 입력해야 하는 번거로움을 줄여준다. 또한, 자주 사용하는 태그도 저장해놓으면 편리하다.

크레에이터 스튜디오 채널메뉴의 상태 및 기능에서 확인을 눌러 휴대폰 본인 인증을 해야 맞춤 미리 보기 이미지(썸네일)를 별도의 이미지로 지정하는 기능이 활성화 되니, 반드시 본인 인증을 해야 한다.

● 유튜브 홈 화면 살펴보기

자료 4-4 채널 아트

채널 상단의 채널 아트는 별도의 디자인 이미지를 만들어서 올릴 수 있는데, 사이즈는 2560×1440이며, 최대 6MB까지 올릴 수 있다. 채널 아트 디자인은 채널의 채널명을 브랜딩할 수 있도록 디자인하는 것이 좋다. 채널 만들기는 유튜브의 시작이다. 이제 열심히 동영상 콘텐츠를 업로드하면서 채널을 채워나가야 한다.

2

동영상 제작을 위한
초간단 준비물

    유튜브 동영상 제작 장비들을 검색해보면 너무 많은 장비들이 있어서 뭘 사서 시작해야 할지 당황할 수 있다. 하지만 장비 구매는 절대 서두를 필요가 없다. 부동산 중개업 매물 홍보 동영상을 만들기 위해서는 스마트폰, 마이크(PC용), 웹캠이면 충분하다. 본인 얼굴이 영상에 나오는 것이 싫다면, 스마트폰과 마이크만 있으면 되니 구입해야 하는 것은 마이크 하나면 된다. 물론, 동영상 촬영을 해보면서 추가로 필요한 장비들은 업그레이드하면 된다. 그 외 필요한 동영상 편집프로그램은 무료 프로그램을 이용해보고 결정하면 된다.

● 카메라

　카메라는 별도로 구매하지 않고 스마트폰에 있는 카메라를 이용해서 촬영하면 된다. 요즘은 카메라 해상도가 높아져서 부동산 매물 홍보 동영상은 카메라를 별도로 구입하지 않아도 된다. 동영상 촬영 시 스마트폰 전면의 셀카용 카메라보다는 후면의 카메라가 해상도가 높으니 후면의 카메라로 찍는 것이 좋다. 카메라는 해상도보다 조명이 더 중요하므로 해가 쨍하게 맑은 날 촬영하면 좋은 영상을 만들 수 있다.

● 마이크

　마이크도 종류가 너무 다양하고, 유튜버들이 추천하는 마이크도 제각각이라 어떤 것을 사야 할지 당황할 수 있다. 최근에는 마이크의 성능이 좋아져서 1만 원 전후의 마이크면 무리가 없다. 녹음 후에 동영상 편집프로그램에서 잡음제거 및 소리의 볼륨을 조절하면 된다.
　부동산 매물 동영상은 영상 촬영과 동시에 음성 녹음을 하는 것이 아니라 동영상만 찍고, 별도로 동영상 편집프로그램에서 매물 설명 브리핑 음성을 녹음하는 것이 가장 효율적이다. 물론 전신이 나오게 브리핑을 하는 장면의 동영상을 찍을 수도 있다. 그럴 경우 핀마이크 형태가 좋으며, 마이크의 선이 긴 것이 좋다. 주의할 것은 헤드셋처럼 마이크 기능과 이어폰 기능이 결합된 것은 녹음 시 잡음이 있을 가능성이 높으므로 마이크 기능만 있는 것으로 구입하는 것이 좋다. PC에서만 사용할 경우에는 스탠드마이크가 편할 수 있다.

● **웹캠**

웹캠은 컴퓨터에 연결해 사용하는 카메라로 매물 동영상 아래에 브리핑하는 모습을 작게 넣거나, 또는 프레젠테이션 자료를 이용해서 브리핑을 할 때 화면에 작게 얼굴이 나오게 하는 경우에 필요하다. 동영상에 얼굴이 나오는 것이 신뢰감 향상을 위해서 좋으나, 그게 싫다면 웹캠을 사지 않아도 된다. 웹캠은 로지텍회사의 웹캠이 가장 인기가 좋은 편이고, 가격도 10만 원 미만의 사양이면 된다.

● **그 외 장비들**

조금 더 욕심을 낸다면 스마트폰용 짐벌이다. 스마트폰 카메라를 손으로 들고 움직이면서 동영상을 찍으면 화면이 흔들리게 되는데, 짐벌에 스마트폰을 장착하고 촬영을 하면 흔들림을 잡아줘 훨씬 화면을 편하게 볼 수 있다. 짐벌의 경우 거치대나 삼각대로 활용할 수도 있게 나온다.

그 외 웹캠으로 촬영 시 뒤의 배경을 깔끔하게 찍고 싶다면 롤스크린을 달아서 촬영할 때만 사용하면 된다. 롤스크린은 깔끔하게 흰색을 사용하거나 배경을 제거하기 위해 동영상 편집프로그램에서 크로마키 기능을 사용할 분은 초록색 롤스크린이 좋다. 실내 촬영 시 어둡다고 느낀다면 LED 조명을 구입하거나, 집에 있는 LED 스탠드 등을 이용하면 된다.

● 동영상 편집용 무료 프로그램

동영상 편집프로그램으로 가장 많이 사용되는 프로그램은 유료 프로그램인 프리미어 프로, 파이널컷 프로, 베가스 프로 등이다. 가격도 부담되고 사용법 또한 쉽지 않아 컴퓨터가 익숙하지 않는 분들에게는 좀 더 쉬운 프로그램인 파워디렉터를 추천한다. 파워디렉터15 버전이 개인 용도로는 무료화되었지만, 상업용 동영상 편집을 위해서는 구매를 해야 한다. 무료버전을 사용해보고 괜찮다면 파워디렉터18을 구입하면 되는데, 가격도 10만 원대로 저렴한 편이다. 파워디렉터 유료 구매 시에는 화면녹화기능이 있어서 별도의 프로그램은 구매하지 않아도 된다.

파워디렉터15 무료판을 사용할 경우에는 컴퓨터 화면녹화를 위한 별도의 프로그램이 필요한데, 오캠 프로그램을 사용하면 좋다. 화면녹화 프로그램은 파워포인트로 만든 프레젠테이션 자료를 가지고 브리핑하는 것을 녹화할 때 필요하며, 동영상 매물만 올리는 것보다 훨씬 전문성이 부각될 수 있다. 엑셀이나 기타 자료를 가지고도 브리핑 자료를 만들어 화면녹화 프로그램을 이용해서 녹화하면 다양한 콘텐츠를 만들 수 있으며, 차별화된 전문가 이미지를 줄 수 있다.

> **Tip**
>
> 프리웨어, 즉 무료 프로그램이라고 해서 그냥 쓸 수 있는 것이 아니다. 대부분의 무료 프로그램은 비영리 개인 용도로 사용할 때 무료로 쓸 수 있는 것이고, 상업적인 용도로 이용할 때는 무료가 아니라 유료버전을 구입해야 한다. 부동산 매물 동영상을 만들 때는 유료 프로그램을 이용해야 한다.

3
저작권 걱정 없는
음원, 사진, 동영상, 글꼴

저작권 분쟁으로 인해 고액의 저작권 사용료를 내야 하거나, 애써 만들어 놓은 동영상을 삭제해야 하는 경우들을 해외 사례에서 접할 수 있다. 부동산 동영상 콘텐츠 제작 시 사용되는 배경음악, 글자 폰트, 사진 등은 저작권 분쟁이 없도록 만들어야 한다. 저작권 문제가 없는 음원, 음향효과, 글자 폰트, 사진, 동영상 이용법을 알아보자.

● 저작권 걱정 없는 음원

멜론이나 벅스 등 음원사이트에서 유료로 내려 받은 음악 파일도 유튜브 동영상에 사용하면 안 된다. 음원 자체를 구매한 것이 아니라 음원을 들을 수 있는 서비스를 구매한 것이기 때문이다. 저작권 없는 무료음악을 이용하려면 유튜브 크리에이터 스튜디오의 만들기 메뉴를 보면 무료음악이 있다. 무료음악 중에서도 '저작자 표시 필요 없음'을 선택해서 음악을 사용하면 된다. '저작자 표시 필요'는 동영상 설명 글에 원작자를 밝히지 않으면 저작권이 문제가 될 수 있다. 유튜브 사이트에서 제공하는 무료음악이 장르별로 상당히 많으니, 시간이 있을 때 들어보고 사용할 수 있는 음악을 다운로드 해놓으면 좋다.

자료 4-5 유튜브 무료음악

저작권 걱정 없는 효과음도 유튜브 크리에이터 스튜디오 만들기의 무료음악 바로 옆 탭의 음향 효과 탭에 다양한 효과음이 제공되고 있으니 활용하면 된다.

● 저작권 걱정 없는 사진

부동산 매물 동영상에 본인이 직접 찍은 사진을 넣는 것이 좋지만, 멋진 사진과 같이 표현하고 싶다면 저작권이 없는 사진을 사용해야 한다. 저작권이 없는 고퀄리티 사진을 제공하는 사이트들이 생각보다 많다. 시간 날 때 사진을 많이 저장해놓고 활용하면 좋다.

- 픽사베이(https://pixabay.com)
- 프리큐레이션(http://www.freeqration.com)
- 언스플래쉬(https://unsplash.com)
- 픽점보(https://picjumbo.com)
- 아임프리(http://imcreator.com/free)

● 저작권 걱정 없는 영상

동영상에 멋진 인트로나 엔딩 등으로 감각적인 영상을 넣고 싶다면, 저작권 없는 무료 동영상 사이트에서 동영상을 다운로드해 이용하면 된다. 부동산 매물 동영상에 멋진 인트로나 엔딩 동영상으로 활용해도 좋다.

저작권 없는 동영상 제공 사이트
- 비디보(https://www.videvo.net)
- 마즈와이(http://mazwai.com/#/grid)

● 저작권 걱정 없는 폰트

　무료폰트 중에도 개인용으로 사용은 무료지만, 영리 목적으로 이용하는 것은 안 되는 경우가 많으니 반드시 확인하고 사용해야 한다. 최근에는 무료폰트를 제공하는 곳이 다양해졌다. 서체 전문 업체의 글꼴은 유료인 경우가 많지만, 공공기관이나 기업 홍보 폰트의 경우 영리목적으로 이용할 수 있는 경우가 많다.

　영리 목적으로 사용 가능한 인기 있는 무료폰트는 네이버 나눔체(나눔고딕, 나눔바른고딕, 나눔명조, 나눔손글씨 붓, 나눔손글씨 펜)가 있다. 공공기관 무료폰트는 부산시청 부산체, 서울시 서울남산체, 서울한강체, 경기도 고양체, 제주시 제주고딕체, 제주 명조체, 아산시 이순신돋움체, 경기도 경기천년체, 포천시청 오성과 한음체, 포천 막걸리체, FONCO 독도체 등이 있다. 기업 홍보 무료폰트는 티몬 몬소리체, 고도몰 고도체, 야놀자 야체, tvN 즐거운이야기체 등이다.

　부동산 동영상 콘텐츠 제작 시에 반드시 저작권 문제가 없는 음원, 폰트, 사진 등을 사용해서 저작권 분쟁을 사전에 예방하자.

4 매물, 브리핑 동영상 촬영하기

부동산 유튜브 동영상 콘텐츠는 실매물 동영상이 가장 많겠지만, 실내 브리핑 촬영 및 PC 화면녹화를 이용해 다양하고 부동산 전문가 이미지를 부각시킬 수 있도록 콘텐츠를 만들어보자.

● **매물 동영상 촬영**

매물 동영상은 너무 길지 않게 만드는 것이 좋다. 동영상 편집 시 불필요한 부분들은 잘라내야 하므로 조금 더 길게 촬영하도록 한다. 부동산 매물 외부 동영상 촬영 시에는 가능한 맑고 화창한 날 동영상을 촬영하는 것이 사진이 가장 선명하게 잘 나온다. 부동산 매물은 카메라나 스마트폰을 들고 걸으면서 촬영해야 하는데, 최대한 흔들리지 않게 촬영하도록 해야 한다. 짐벌을 이용하면 흔들림을 잡아줘 좀 더 편안한 동영상이 될 수 있다. 부동산 매물에 대한 설명은 동영상을 촬영하면서 동시에 녹음하는 것보다 매물 동영상만 촬영 후 편집 시 별도로 녹음하는 것이 잡음 없이 훨씬 더 깔끔하게 녹음할 수 있으니 별도로 녹음하는 것이 좋다.

최근에는 토지와 전원주택 등 부동산 매물 촬영 시 드론을 이용해서 촬영을 하는 경우도 종종 있다. 아무래도 높은 곳에서 넓은 시야로 볼 수 있어서 차별화될 수 있다. 하지만 아직까지 촬영용 드론가격이 고가이며, 드론촬영을 위한 교육비도 만만치 않게 비싸므로 부동산 유튜브를 운영해보면서 필요시에 준비하는 것을 추천 드린다. 실제 부동산 유튜브를 1년 이상 운영해 효과를 본 분들이 차별화를 위해 드론촬영을 시작하는 사례가 나타나고 있다.

● 브리핑 동영상 촬영

본인 모습이 나오는 동영상을 촬영하는 것에 대해 부담감이 꽤 클 것이다. 하지만 본인 모습이 나오는 동영상이 훨씬 신뢰감을 줄 수 있으니 과감하게 시도해보기를 추천 드린다.

실내 촬영 시에는 가능한 조명을 최대한 밝게 켜놓고 촬영을 해야 한다. 동영상이나 사진은 조명이 정말 중요하므로 별도의 조명을 구매해도 되지만, 집에 있는 LED 스탠드 조명을 이용해도 좋다. 브리핑 동영상 촬영 시에는 카메라나 스마트폰에 마이크를 꽂아 마이크 음성이 들어가게 촬영해야 소리가 깨끗하게 녹음이 된다. 스마트폰의 경우 구매할 때 받은 이어셋이 마이크 기능도 제공되지만, 전신 촬영 시에는 별도의 마이크가 필요하다. 전신 촬영을 위해서는 마이크 선의 길이가 긴 제품이 좋다.

● PC 화면녹화

파워포인트를 이용해 멋진 프레젠테이션 자료를 만들어 브리핑 동영상을 만들거나 엑셀 자료나 기타 자료를 이용한 브리핑 동영상을 만들면 전문가 이미지를 훨씬 부각시켜 신뢰감 향상에 좋은 영향을 줄 수 있다.

파워디렉터 유료버전은 화면녹화 기능을 제공한다. 만약 개인용도로 사용하려면 오캠 프로그램을 사용하면 간단하게 화면녹화를 할 수 있다. 부동산 유튜브 운영 시에 화면녹화 기능은 필수다. 게임 유튜브 등 컴퓨터 화면을 녹화할 때 주로 사용한다. 부동산 유튜브에서는 브리핑을 말로만 할 수도 있지만, 파워포인트 자료나 엑셀 자료 및 기타 자료를 토대로 컴퓨터 화면을 녹화하면서 브리핑을 하면 훨씬 전문가적인 모습을 보여줄 수 있다.

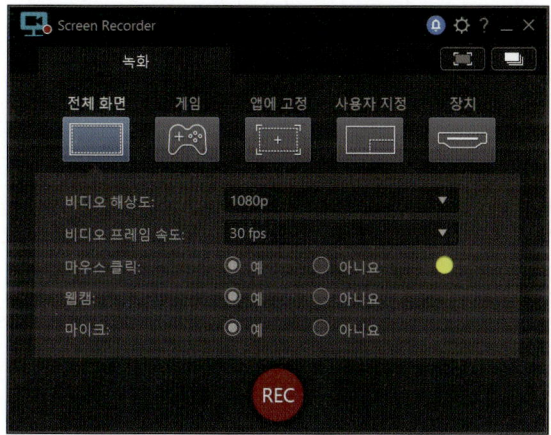

자료 4-6   스크린 레코더 프로그램

출처 : **파워디렉터**(이하 파워디렉터 화면 공통)

　파워디렉터 유료 프로그램을 설치하면 스크린 레코더 프로그램이 제공된다. 화면녹화를 할 때 웹캠을 이용해 본인 얼굴도 같이 촬영한다면 신뢰감을 향상시킬 수 있다. 웹캠은 로지텍 제품이 가장 인기가 좋다. 화질도 좋고 고장률도 낮은 편이고, 가격도 10만 원 미만으로 구매 가능하다. 웹캠이나 카메라는 화질도 중요하지만 조명이 중요하다.

　이러한 도구들로 다양한 부동산 동영상 콘텐츠를 제작할 수 있다. 처음 시작하는 분이라면 가장 부담 없는 실매물 동영상을 편집해서 올리는 작업을 시작으로 점점 콘텐츠의 범위를 넓혀가는 것이 좋다.

5 썸네일이 내용보다 중요하다

부동산 매물 동영상을 고를 때 가장 먼저 무엇을 볼까? 바로 썸네일, 즉 유튜브의 '맞춤 미리 보기 이미지'다. 부동산 매물 동영상을 볼 것인지, 안 볼 것인지를 선택하게 되는 우선순위가 썸네일이므로 동영상 내용보다 더 중요한 것이 썸네일이라고 할 수 있다.

썸네일 이미지는 시선을 끌 수 있도록 만들어주거나, 궁금증이 유발되게 만들어주는 것이 좋으며, 해당 동영상을 대표할 수 있는 이미지가 좋다. 유튜브 시스템이 자동으로 골라주는 자동 맞춤 미리 보기 이미지보다 본인이 직접 별도의 썸네일 이미지를 만들어서 사용해야 한다. 너무 복잡하거나 텍스트가 많으면 시선을 잡지 못하므로, 썸네일은 눈에 띄면서도 가장 핵심적인 내용이나 가장 궁금해할 내용을 함축적으로 표현해야 한다. 잘나가는 유튜버나 부동산 유튜버들의 썸네일을 많이 보고 벤치마킹하는 것이 좋다.

썸네일은 포토샵이나 파워포인트 프로그램 등을 이용해 별도로 만들어주는 것이 좋다. 포토샵은 사용법도 쉽지 않고 프로그램도 구매해야 하지만, 부동산 사무실은 대부분 엑셀을 사용하기 때문에 패키지 프로그램인 파워포인트 프로그램은 있을 것이다. 파워포인트만 잘 이용해도 아주 멋진 썸네일을 만들 수 있다.

자료 4-7 파워포인트를 이용한 썸네일

썸네일 사이즈는 너비 1280픽셀, 높이 720픽셀로 만들거나 16:9 비율로 만들면 되고, 최대 파일 크기는 2M이다. 파워포인트에서는 2013버전부터는 썸네일 권장 사이즈와 슬라이드 사이즈가 동일하므로 별도로 변경할 필요가 없다. 파워포인트 2010버전 이하는 디자인 탭 페이지 설정에서 사용자지정 크기를 가로 33.9cm, 세로 19.05cm로 설정하고 만들면 된다.

파워포인트로 썸네일을 만들었다면 저장을 해야 하는데, 썸네일은 파워포인트 파일을 그대로 올릴 수 없다. 이미지 파일만 썸네일로 올릴 수 있으므로 이미지로 저장해야 한다.

파워포인트에서 파일메뉴, 다른 이름으로 저장에서 파일 유형은

JPEG 파일교환 형식이나 PNG로 형식으로 저장해서 그 이미지를 썸네일로 올려주면 된다. PNG 형식이 이미지가 더 선명하게 나오므로 PNG 형식으로 저장하면 좋다. 단, 파일 용량이 2M가 넘어가면 올릴 수 없으므로, PNG 형식으로 용량이 초과된다면 용량이 적은 JPEG 형식으로 저장한다.

유튜브에서 썸네일 이미지를 추가하는 기능이 활성화되려면 계정 인증을 받아야 가능하다. 유튜브 크리에이터 스튜디오의 채널 메뉴에서 상태 및 기능에서 휴대폰 본인 인증을 할 수 있다.

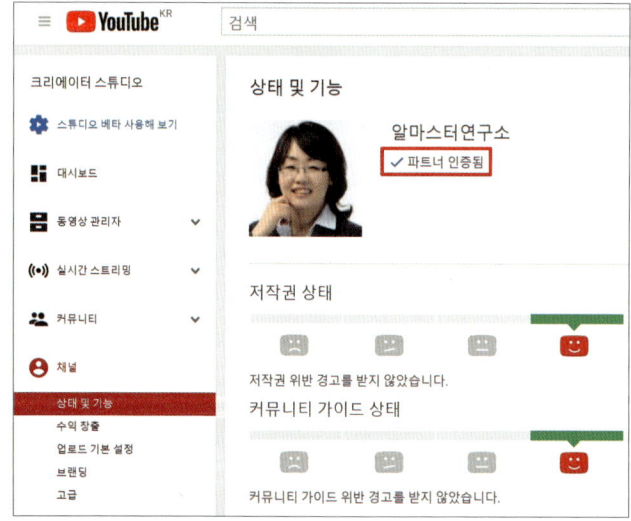

자료 4-8 크리에이터 스튜디오 채널

유튜브 썸네일 업로드 방법은 유튜브 동영상 업로드 시 화면 아래쪽을 보면 맞춤 미리 보기 이미지 버튼을 눌러 직접 올릴 수 있으며, 언제든지 동영상 수정으로 들어가서 변경도 가능하다.

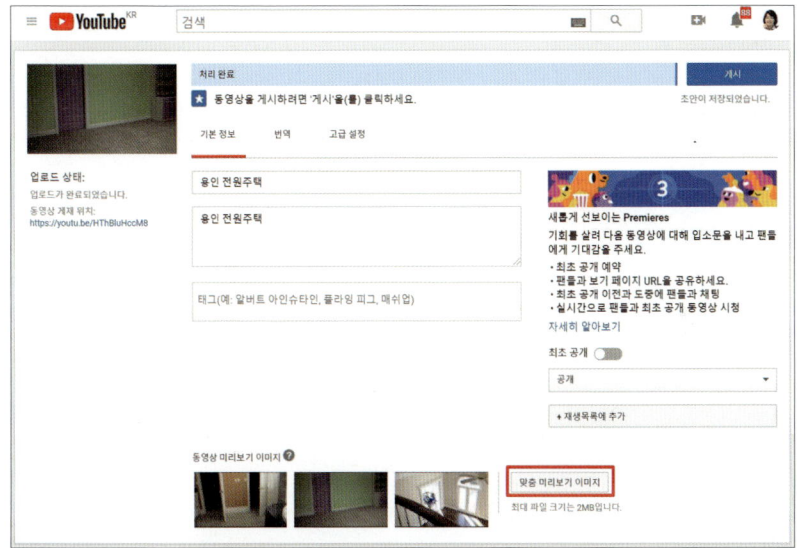

자료 4-9 동영상 업로드 기본 정보

부동산 콘텐츠 썸네일은 복잡하지 않고 단순하게, 시선을 끌 수 있도록 만드는 것이 좋으며, 매물에 대한 궁금증이 유발되게 만들어주면 더 좋다.

6

쉬운 동영상 편집 알아보기

    동영상 편집프로그램의 종류가 너무 많아 어떤 프로그램을 활용하는 것이 좋을지 막막할 수 있다. 부동산 매물 동영상을 편집하는 용도로는 파워디렉터를 추천한다. 사용법도 쉬운 편이고, 비교적 다양한 기능까지 지원을 하고 있어서 편리하다.

    최근 프리웨어로 개인용으로는 무료로 이용할 수 있어서 입문용 동영상 편집프로그램으로는 제격이다. 물론, 고급 기능들 중 일부는 무료 버전에서는 사용할 수 없도록 되어 있다. 동영상 편집프로그램은 매물 업로드용으로 사용하려면 구매를 하는 것이 원칙이다. 대다수의 프리웨어 프로그램들은 개인용으로 사용은 무료지만, 상업적인 사용은 적용되지 않으니 유의해야 한다. 사용을 해보다가 추가기능을 더 활용하고 싶다면 유료버전을 구입해서 사용해도 10만 원대로 가격도 비교적 저렴한 편이다.

● 파워디렉터 동영상 편집하기

파워디렉터15는 동영상 편집프로그램들 중에서 비교적 사용법이 쉽고 기능도 다양한 편이다.

자료 4-10 파워디렉터 편집화면

동영상 편집을 위해서는 먼저 카메라나 스마트폰으로 찍은 동영상과 사진 등을 불러와야 한다. [자료 4-10]의 미디어 가져오기 툴바를 눌러서 동영상과 사진을 가져오고, 배경음악용 음악 파일과 썸네일용 이미지, 워터마크 등도 가져온다.

[자료 4-11]에서 타임라인의 트랙으로 동영상을 드래그해서 가지고 와서 편집을 한다. 동영상의 불필요한 부분은 타임라인 바로 위 분할버튼이나 다듬기 버튼으로 잘라낼 수 있으며, 1개 이상의 동영상을 타임라인으로 더 가져와서 두 개 이상의 동영상을 이어서 1개의 동영상으로 만들 수도 있다. 또 다른 트랙으로 이미지를 가져와서 동영상 미리

보기 화면을 보면서 이미지를 추가할 수 있다. 자막은 왼쪽 자막룸 툴바를 눌러 동영상 미리 보기 화면을 보면서 필요한 부분에 더하기 버튼을 눌러 자막을 넣어주면 된다.

자료 4-11 파워디렉터 자막기능

녹음은 동영상 편집 작업을 한 후 마지막에 하는 것이 효율적이다.

자료 4-12 파워디렉터 녹음기능

매물 설명녹음은 녹음룸 툴바를 이용해서 동영상 미리 보기를 보면서 녹음 버튼을 눌러서 녹음을 하면 된다. 녹음이 되면 타임라인 녹음 트랙에 녹음 파일이 생성된다.

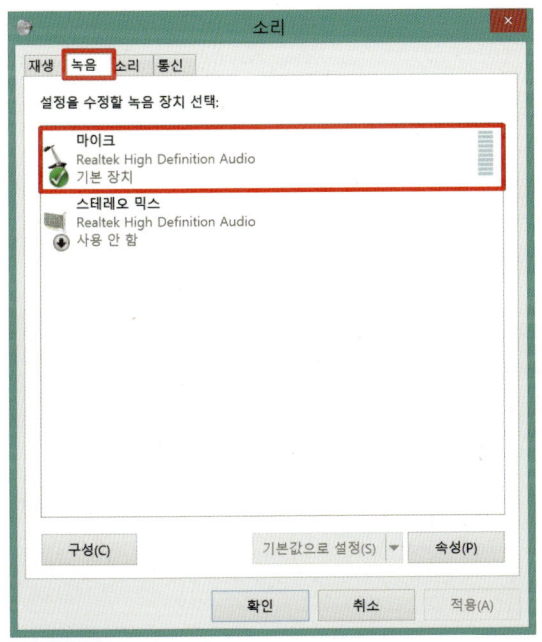

자료 4-13 마이크 설정

마이크는 PC 마이크 단자에 꽂은 후, 윈도우 알림영역 스피크에 마우스 오른쪽 버튼을 클릭해서 녹음이나 소리메뉴를 실행해서 녹음탭에서 본인의 마이크를 기본장치로 선택해준다. 그 외 배경음악 삽입도 동영상 편집 후 마지막에 하는 것이 효율적이다. 편집이 완료되었다면 두 가지 파일을 저장해야 한다.

첫 번째는 파일 메뉴에서 프로젝트 저장을 눌러서 파워디렉터 편집 파일을 저장해야 한다. 파워디렉터 프로젝트 파일은 동영상 파일이 아니라 파워디렉터 고유의 파일이므로 프로젝트파일을 저장했다고 해서 동영상이 만들어진 것이 아니다.

두 번째는 제작탭에서 동영상 파일형식(mp4 또는 wmv)을 지정하고, 저장위치를 변경한 후 시작하기를 누르면 최종 동영상 파일이 만들어진다.

7 부동산 스타로 매출 10배 올리기

　최근 유튜브 스타가 많이 탄생하고 있다. 유튜브는 이용자가 폭발적으로 늘면서 레드오션으로 정말 치열해졌지만, 부동산 중개업 분야의 유튜브는 경쟁자가 많지 않아 상위노출이 쉬운 편이다. 지금이 바로 유튜브를 선점해 부동산 스타로 한 단계 도약할 수 있는 최고의 기회를 잡을 수 있는 시기다.

　부동산 유튜브는 광고수익 창출의 목적보다는 주로 매물 홍보를 위한 용도로 운영하지만, 1년 이상 운영한 분들은 수익 계정으로 전환되어 별도의 광고수익이 창출되고 있다. 부동산에 관심 있는 40~50대의 유튜브 이용이 늘었기 때문이다. 부동산 매물 광고효과와 광고수익 두 마리 토끼를 잡아 보자.

● **꾸준한 업로드**

스타는 하루아침에 탄생하지 않는다. 차곡차곡 꾸준히 동영상 업로드를 해 신뢰감이 형성되어야만 계약으로 이어질 수 있다. 동영상 1~2개 올려서 계약이 일어나는 것이 아니라 수십 개에서 100개 이상의 동영상을 꾸준히 업로드한 부동산 유튜버가 계약을 잘 한다. 물론, 유튜브 교육생 중에서 동영상 2개 올린 것 중 1개가 계약된 사례가 최근에 있었지만, 대다수는 꾸준히 성실한 운영으로 계약까지 이어지고 있다.

● **조회수, 시청률, 구독자수 늘리기**

유튜브에서 동영상 조회수는 가장 중요한 평가 지표다. 조회수를 보면 그 동영상의 관심 정도를 알 수 있으며, 조회수가 많은 동영상이 검색 상위노출 가능성이 높다. 또한, 유튜브에서 조회수 이상으로 중요한 평가 지표가 동영상 시청률이다. 동영상을 끝까지 본다는 것은 그만큼 품질이 우수한 콘텐츠로 평가하는 것이다. 아무리 조회수가 많아도 처음 잠깐 보다가 나가버린다면 그 영상은 좋지 않은 영상으로 평가하고 있다. 부동산 매물 동영상을 만들 때 너무 길게 만들면 안 되는 이유다.

구독자를 늘리려면 양질의 콘텐츠를 꾸준히 업로드해야 한다. 그리고 동영상에 반드시 '구독하세요', '구독해주세요'라는 자막을 넣어주고, 음성으로도 외쳐야 한다. 구독 요청이 있는 동영상과 구독 요청이 없는 동영상 중 구독 요청을 한 동영상이 구독할 확률이 훨씬 높다. 구독 버튼이나 바로 구독할 수 있는 단축주소를 설명 글이나 최종 화면에 링크를 만들어주는 것도 좋다.

● 제목, 설명, 태그 등에 키워드를 넣어야 한다

　유튜브 검색에 노출이 되려면 동영상을 올릴 때 제목, 설명, 태그 등 메타 데이터 정보에 키워드를 포함시켜야 한다. 제목에는 중요 키워드를 포함해 함축적으로 사용하는 것이 좋다. 설명 글은 동영상이 재생될 때 3줄까지만 보이지만, 검색 상위노출에 중요한 부분이므로 안 보이더라도 최대한 많은 설명 글을 써주는 것이 좋다. 특히, 해외에서도 관심을 가지는 부동산 매물이라면 구글 번역기를 이용해 외국어로도 설명 글 아랫부분에 넣어주는 것이 좋다. 그리고 태그란에도 키워드를 반드시 입력하고 동영상을 올려야 한다.

● 소통, 공유

　유튜브는 구독자 및 시청자와의 소통이 중요하다. 댓글이나 좋아요 등 상호 소통이 많은 것이 상위노출에 유리하다. 부동산 유튜브 동영상 중에서 구독자와 조회수가 많은 동영상에 영상과 관련한 도움되는 댓글을 성실하게 달아주거나, 댓글을 단 사람에게 좋아요를 눌러주는 등 관심을 가져주면 부동산에 관심 있는 시청자가 내 채널로 유입될 가능성이 높다.

또한, 공유가 많으면 좋은 채널로 인식한다. 내 유튜브 영상이나 채널 주소를 적극적으로 공유하는 것이 좋으므로, 다른 채널을 적극적으로 활용하는 것이 좋다. 본인이 운영하는 블로그, 카페, 인스타그램, 페이스북, 홈페이지나 카카오톡 등 할 수 있는 모든 채널에 공유하도록 하자.

● 브랜딩

온라인 마케팅들과 마찬가지로 유튜브도 본인만의 브랜드 마케팅을 해야 한다. 수많은 동영상 중에서 나를 기억할 수 있고, 부동산을 연상시키는 나만의 브랜드를 만들어야 한다. 부동산 중개업에서는 유튜브 운영자가 많지 않아 좋은 브랜드를 정착시키기에 최적의 시기다.

부동산 중개업의 블루오션 마케팅은 현재로서는 단연 유튜브다. 지금이 노력 대비 효과가 가장 좋은 시기이니, 상위 1% 공인중개사를 부러워만 하지 말고 바로 시작해 내가 상위 1% 공인중개사가 되도록 하자.

8 네이버TV, 카카오TV

부동산 동영상 콘텐츠 1개를 이용해서 유튜브뿐만 아니라 여러 채널에 업로드해 홍보하는 것이 좋다. 네이버TV와 카카오TV에도 동영상을 올려보자. 그 외에도 블로그, 카페, 페이스북, 인스타그램 등에도 동영상을 공유하자.

네이버TV의 장점은 포털 점유율이 가장 높은 네이버 메인에 노출이 된다는 것이다. 네이버TV 이용자는 유튜브에 비해 적지만, 네이버 포털 메인 동영상 섹션에는 유튜브 동영상보다 네이버TV가 더 노출이 잘 되기 때문에 네이버TV도 동시에 운영하는 것이 마케팅에 효과적이다.

카카오TV의 장점은 다음 포털에 노출이 되고, 카카오톡과 연동된다는 점이 장점이다. 이용자가 많지는 않지만 유튜브를 위해 만들어놓은 동영상을 올리기만 하면 되므로 카카오TV를 동시에 운영하는 것이 당연히 좋다.

네이버TV나 카카오TV 이외에도 블로그, 카페, 인스타그램, 페이스북, 트위터 등 본인이 운영하는 SNS채널이 있다면 모든 곳에 동영상을 올리거나 공유하는 것이 마케팅의 시너지효과를 줄 수 있다.

● 네이버TV

네이버TV 채널 개설에는 필수 요건이 있다. 타 콘텐츠 플랫폼에서 (블로그, 카페, 유튜브 등) 구독자나 이웃 등 팬 100명 이상인 경우 채널 개설이 가능하다. 유튜브와 카카오TV는 별도의 채널 개설 신청 절차 없이 바로 개설되는 반면, 네이버TV는 채널 개설 신청 후 여러 가지 사유로 신청이 반려될 수 있다.

자료 4-14 네이버TV 채널 개설

출처 : 네이버

채널 개설 시 주의할 점은 '콘텐츠 소개'란에 매물 광고나 홍보라는 표현을 하면 안 된다. 본인의 사업장이 있는 지역의 부동산 정보 제공 등의 표현으로 바꿔서 콘텐츠 소개글을 작성해야 한다. '참고 사이트'는 구독자나 이웃 등 팬이 100명 이상 되는 사이트를 입력해야 한다.

네이버TV 동영상 랭킹 순위는 재생수, 재생시간, 좋아요 등 다양한 요소를 합산해 산정된 순위에 따라 매 시간 업데이트되고 있다. 그 외에 채널명은 공백 포함 8자 이내로 간결하면서 콘셉트가 명확하게 드러나는 채널명으로 하는 것이 좋다.

제목과 설명, 태그에는 키워드가 포함되게 입력해야 노출이 잘된다. 키워드는 반드시 동영상 내용과 관련 있는 키워드를 넣어야 한다. 동영상과 관련 없는 키워드를 지속적으로 설명에 넣으면 광고 또는 사용자에게 도움이 되지 않는 클릭 유도 행위로 간주되어 검색결과에 불리하게 작용할 수 있다.

썸네일은 주요 인물이나 주요 아이템이 등장하는 화면이나, 동영상의 핵심내용을 유추할 수 있는 이미지로 만들어주는 것이 노출이 잘된다. 네이버TV는 채널별 구독자 300명 이상 & 누적 재생시간 300시간 이상인 경우 광고수익 창출이 가능하다. 유튜브에 비하면 문턱이 낮은 편이다.

● 카카오TV

　카카오TV는 카카오톡 계정이 있다면 별도의 회원 가입이 필요 없이 본인의 카카오 계정으로 로그인해 이용할 수 있다. 카카오TV 메뉴구성은 유튜브와 유사하다. 카카오TV의 동영상 콘텐츠와 라이브 방송은 카카오TV 서비스뿐만 아니라 카카오톡 채팅방과 플러스 친구, 채널탭 등에서도 바로 시청할 수 있다.

　카카오TV는 채널과 플러스친구를 연결하면 채널 및 채널에 속한 Live, VOD 영상에 친구추가 버튼이 노출되며, 시청자들이 바로 플러스친구를 맺을 수 있다. 동영상 업로드, 생방송 하기 등 유튜브와 화면 구성이 기능들이 유사하므로 이용하기에 부담이 없다.

　카카오TV 상위노출도 유튜브나 네이버TV에 준해 운영하면 된다. 이용자가 많지 않아 노출도 잘되는 편이다. 카카오TV는 광고수익 창출을 위한 별도의 요건이 없으며, 5만 원부터 인출이 가능하다. 부동산 동영상 콘텐츠를 유튜브뿐만 아니라 다양한 채널에 최대한 활용해 시너지 효과를 가져올 수 있도록 하자.

PART 5

직접 하면 광고비 Down, 효과 Up! 키워드광고

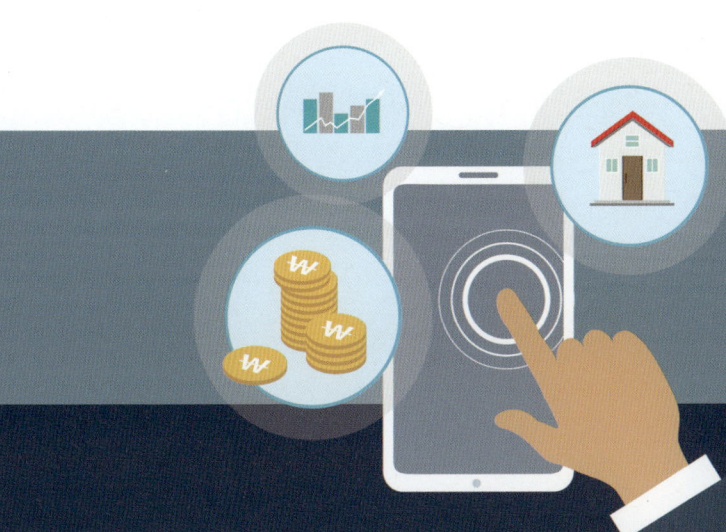

1 부동산 맞춤 키워드광고 전략

　광고대행사에 부동산으로 가장 많이 오는 전화는 키워드광고 판촉 전화다. 아직도 대다수의 부동산 중개업소에서는 키워드광고를 직접 할 수 있다는 것을 모르기 때문에 광고대행사를 통해서만 광고가 가능하다고 생각한다. 광고대행사는 키워드광고 서비스업체를 대신해 광고주를 모집하는 영업 행위를 하고, 키워드광고 서비스업체로부터 10~15%의 대행수수료를 받는다. 네이버 파워링크는 본인이 직접 해야 광고비 할인효과가 있으며, 본인 중개업소 맞춤광고 및 효과 측정이 가능하니 반드시 본인이 직접 광고운영을 해야 한다.
　키워드광고, 즉 검색광고는 네이버나 다음 등 포털사이트에서 특정 키워드를 검색한 사람에게 광고주의 사이트가 노출되도록 하는 광고다. 직접 검색한 검색어를 통해 광고가 노출되므로, 타깃 적중률이 높은 광고다. 부동산 중개업에서도 키워드광고는 여전히 효과가 좋은 광고 중 하나다.

키워드광고 중 파워링크나 프리미엄링크, 스페셜링크 등의 광고는 CPC(Cost Per Click)광고로 클릭당 비용을 지불하는 방식의 종량제 광고다. CPC광고는 정액제가 아니므로, 클릭이 안 되면 광고비를 지불하지 않는다. 그러므로 조회수나 클릭이 많지 않지만, 다양하고 구체적인 세부키워드를 대량으로 등록해도 생각보다 저렴한 비용으로 광고가 가능하다. CPC광고는 광고비의 정확한 예측이 힘들기 때문에 광고비를 미리 충전해놓고 관리해야 하는 시스템이다. 예상치 못한 클릭으로 광고비가 증가되는 것에 대비해 일일예산 설정이 가능한 통제기능이 제공되고 있다.

공인중개사분들에게 정말 많이 받는 질문 중 하나는 다음과 같다.

> "광고대행사에서 연락이 왔는데, 네이버 파워링크 광고가 키워드 10개를 5위 이내 또는 상위 순위를 유지시켜주고, 1년 또는 2년에 몇 백만 원이라고 하는데, 괜찮은 광고인가요?"

일단, 네이버 파워링크는 정액제 광고가 아니라 클릭당 비용을 지불하는 형태의 종량제 광고이기 때문에 정액을 지불하는 것 자체가 말이 안 된다. 절대 이런 계약을 하면 안 된다. 광고대행사에 광고를 맡겨도 본인이 직접 비즈머니 충전 후 클릭당 비용이 지불되는 형태를 본인이 직접 확인할 수 있어야 한다. 광고대행사는 광고서비스업체로부터 별도의 수수료를 받아가는 구조라는 것을 기억해두길 바란다. 가능한 본인이 직접 하는 직접광고주로 운영해야 하며, 만약 광고하기가 힘들다면 교육기관을 통해 교육을 받는 것이 좋다.

키워드광고는 여러 포털에서 제공하고 있지만, 부동산 중개업소를 운영하면서 모든 포털의 키워드광고를 전부 운영하는 것은 쉽지 않다. 그중에서 선택을 한다면 포털 점유율이 높은 순으로 해야 한다. 당연 네이버 파워링크를 최우선으로 운영하고, 다음 프리미엄링크 등의 순으로 하면 된다.

키워드광고로 광고할 검색어, 즉 키워드는 크게 대표키워드와 세부키워드로 나눌 수 있다. 대표키워드는 업종을 대표할 수 있는 키워드로 부동산, 공인중개사사무소, 아파트 등이 될 수 있으며, 세부키워드는 지역명과 부동산 종목을 조합하거나, 지역명과 부동산 종목에 추가해 매매, 전세, 월세 등을 한 번 더 조합하면 세부키워드라고 할 수 있다.

한 개의 부동산 중개업소에 매물 관련 키워드는 1,000개 이상 추출된다. 지역명이 다양하게 불리는 경우에는 수천 개 또는 만 개 이상의 키워드가 추출되기도 한다. 많은 키워드를 광고등록을 한다고 해서 광고비가 많이 나가는 것은 아니다. 세부키워드의 경우 최저단가인 70원 전후의 경우가 대다수이며, 클릭을 하지 않을 경우 전혀 비용이 발생하지 않기 때문이다.

부동산 중개업에 키워드광고는 효과가 좋은 편이므로 반드시 해야 하는 광고다. 광고비용은 줄이면서 효과를 올리는 광고를 해보자. 키워드광고는 본인이 직접 하는 직접광고주 형태로 광고를 해야 한다. 네이버 파워링크의 경우 직접광고주에게는 광고비용의 5%를 비즈쿠폰으로 지급하므로 5% 할인효과가 있다.

키워드를 빈틈없이 추출해 세부키워드로 키워드광고를 등록하자. 세부키워드는 비용도 저렴하고, 정확히 타깃되어 매출향상에 많은 도움을 줄 것이다. 대표키워드나 키워드 단가가 높을 경우에는 광고순위를 낮추고, 광고문구를 차별화하는 전략으로 가야 한다. 순위가 높다고 클릭하는 것이 아니라, 제목과 설명문구를 훑어보고 마음에 들어야 광고를 클릭하게 되므로 벤치마킹을 통해 신뢰감 있고 차별화된 광고문구를 만들어야 한다.

파워링크에도 품질지수가 있어서 품질지수가 높을 경우 비용이 더 저렴하게 광고를 할 수 있다. 품질지수는 광고효과(클릭률), 키워드와 소재의 관련성, 키워드와 사이트의 관련성 등 광고품질을 평가할 수 있는 다양한 요소를 반영해 산정된다. 품질지수를 높이려면 키워드를 검색했을 때 검색 사용자가 원하는 정보를 풍부하게 제공하는 연관성이 높은 광고일수록 품질지수가 높아질 수 있다. 검색 사용자가 키워드를 검색한 목적이 무엇일지 고민한 뒤에 키워드와 연관성이 높은 소재를 작성하고, 최종 연결 페이지에서 관련된 정보를 확인할 수 있도록 구성하는 것이 중요하다.

키워드광고를 본인이 직접 운영해 할인도 받고, 우리 사무실 세부키워드를 최대한 추출해 최저의 비용으로 최고의 효과를 볼 수 있도록 하자.

2. 파워링크 광고주 가입하기

부동산 중개업의 효과 좋은 마케팅 중 하나인 키워드광고는 네이버 파워링크의 경우에는 광고를 직접 운영하는 직접광고주에게는 사용한 광고비의 5%를 적립금으로 돌려준다. 즉, 5% 할인효과가 있다. 뿐만 아니라 본인이 직접 키워드광고를 운영하면 중개업소 마케팅에 필요한 대량의 키워드를 광고할 수 있으며, 부동산 성수기와 비수기 상황을 고려하고, 광고예산의 계획 및 집행을 직접 관리할 수 있다. 광고효과도 본인이 직접 확인해 효과측정 및 문제점을 찾아 개선할 수 있다.

키워드광고는 중개대상물에 대해서는 부동산 중개업소 대표자만 키워드광고를 할 수 있으며, 소속공인중개사나 중개보조원은 불가능하다. 하지만 상가 분양, 아파트 분양, 오피스텔 분양 등 부동산 분양과 관련한 광고는 개인도 직접 키워드광고를 할 수 있다.

키워드광고는 대형 포털사이트의 주 수입원으로 네이버는 파워링크,

다음은 프리미엄링크, 구글은 Google Ads, 네이트는 스페셜링크라는 상품으로 운영된다. 여러 포털의 키워드광고를 다 할 수도 있지만, 현업을 하면서 키워드광고 관리를 한다는 것이 쉽지는 않다. 키워드광고 관리가 힘들다면 포털 점유율이 가장 높은 네이버 파워링크 광고를 해야 한다.

네이버 파워링크 광고는 네이버 광고 사이트(https://searchad.naver.com)에서 회원 가입을 해야 한다. 네이버 아이디로 로그인 기능을 이용하면 간편하게 가입할 수 있다. 다음 프리미엄링크 광고는 카카오 키워드광고 다이렉트(https://clix.biz.daum.net) 회원 가입을 후 광고등록을 할 수 있다. 구글 키워드광고는 Google Ads(https://ads.google.com)에서 기존 구글 아이디나 신규 회원 가입 후 시작할 수 있다. 네이트의 스페셜링크 광고는 네이트 키워드광고(https://keywordshop.nate.com)에 회원 가입 후 광고등록할 수 있다.

● 네이버 파워링크 회원 가입하기

네이버 광고 사이트(https://searchad.naver.com)에서 신규가입을 하거나 네이버 아이디 로그인으로 간편하게 가입할 수 있다. 네이버 아이디로 회원 가입 시 주의사항은 해당 네이버 아이디를 네이버에서 탈퇴하면 네이버 광고 서비스도 로그인할 수 없으므로 주의해야 한다. 또한, 단체 아이디를 사용해 가입한 경우에는 해당 단체 아이디 사용자는 누구든지 검색광고 서비스에 로그인 및 광고운영을 할 수 있으니 참고해 가입해야 한다.

　키워드광고 사이트 회원 가입 시 사업자등록증과 개설등록증 이미지 파일이 필요하니, 미리 준비해두는 것이 좋다. 최근에는 사진을 찍으면 스캔을 한 것처럼 전환을 해주는 스마트폰 스캔앱이 성능이 좋아져서 이용하면 편리하다.

　회원 가입 시 사업자 광고주와 개인 광고주로 구분해서 가입하게 되어 있다. 부동산 중개업소 대표자가 아니라면 개인 광고주로 가입해야 하고, 가입해도 중개대상물 키워드광고는 할 수 없다. 하지만 광고시스템의 키워드도구를 이용해 블로그 운영 등에 활용하면 많은 도움이 되니 가입하는 것이 좋다. 부동산 중개업소 대표자이지만 개인 광고주로 가입했다면 사업자 광고주로 전환할 수 있으니 걱정할 필요는 없다. 광고시스템의 내 정보 회원 정보메뉴에서 언제든지 사업자 정보 내용을 변경할 수 있다.

　광고를 위해서는 광고시스템 내의 충전하기 버튼을 눌러 비즈머니를 충전해야 한다. 광고등록이 완료된 후에는 충전을 해야만 광고관리센터에서 광고내용에 대해 검수가 시작되므로 반드시 충전을 해놓자. 충전은 현금 입금, 신용카드 결제, 비즈쿠폰 전환을 통해 가능하며, 카드 결제나 비즈쿠폰 전환 시에는 즉시 광고시스템에 반영되고, 현금 입금 시 광고시스템에 반영되는 시간은 5분으로 비교적 빠르게 반영되어 광고를 집행할 수 있다.

　직접 광고주에게는 전월 광고비의 5%를 비즈쿠폰으로 발행되는데, 비즈쿠폰 사용방법은 광고시스템 비즈머니 메뉴의 쿠폰관리에서 사용하기 버튼을 누르면 비즈머니로 충전되어 광고비로 사용하게 된다.

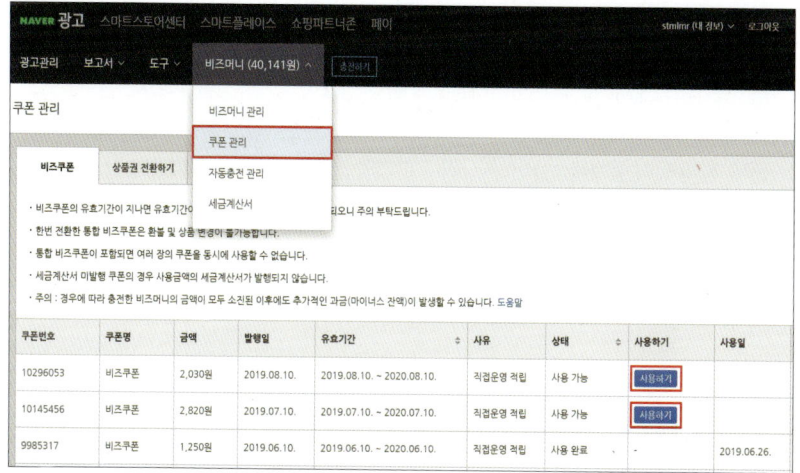

자료 5-1 네이버 광고의 비즈머니 쿠폰 관리

출처: 네이버(이하 네이버 광고 화면 공통)

　네이버 광고 서비스가 개선되어 최근에는 광고등록 후 영업시간 기준 4시간이면 대부분의 키워드가 광고로 노출되고 있으며, 입찰가 변경, 순위 변경 등 반영시간도 5분 전후로 빠르게 변경할 수 있어 편리하게 이용할 수 있다.

　파워링크 광고는 유료서비스로 네이버의 무료서비스와 달리 네이버 검색광고 고객센터는 각종 광고 관련 전화상담 및 업무를 신속하게 처리해주고 있으니, 키워드광고등록 등에 문제가 생기면 검색광고 고객센터로 전화를 해서 처리하면 된다.

　파워링크 광고를 직접 운영하는 방법은 생각보다 단순한 구조이니 지금 바로 시작해보자. 용어나 시스템 형태가 익숙한 형태가 아니어서 낯설고 어렵게 느껴질 수 있지만, 키워드 1개를 등록해보면서 익히면 금방 익히게 될 것이다.

> **Tip** 중개대상물의 범위
>
> 공인중개사의 업무 및 부동산 거래신고에 관한 법률상 중개대상물은 토지, 건축물 그 밖의 토지 정착물과 대통령령이 정하는 재산권 및 물권이다. 대다수의 부동산 매매, 전세, 임대 등이 중개대상물이다. 그러나 분양의 경우는 중개대상물이 아니다.

3

매출을 올려주는
부동산 맞춤 키워드
추출하기

　부동산 중개업소 1개의 매물 관련 키워드는 몇 개나 될까? 부동산 중개업소 1개의 사무실에는 대략 1,000개 이상의 매물 관련 키워드가 추출된다. 물론, 지역이나 종목에 따라 좀 더 적거나 훨씬 더 많은 경우도 있다. 광고대행사에서 대체로 5~10개 정도의 검색어로 키워드광고를 해보라고 권유를 하고 있다. 그렇기 때문에 광고대행사에 5~10개 정도 광고를 해서는 효과를 못 보는 경우가 대다수인 것이다. 부동산 키워드 추출은 타깃팅된 세부키워드를 얼마나 많이 추출해내느냐에 따라 방문자 유입과 광고비가 결정되므로 아주 중요한 작업이다.

● 키워드도구 시스템

파워링크 광고관리시스템의 키워드도구에서는 최근 한 달간 네이버를 이용한 사용자가 컴퓨터 및 모바일에서 해당 키워드를 검색한 횟수 및 월평균 클릭수와 월평균 클릭률 등의 데이터를 정확하게 확인할 수 있어서 반드시 키워드 추출 시 참고해야 한다.

부동산 중개업은 지역명과 부동산 종목을 조합해서 사용하는, 비교적 키워드 추출하기가 쉬운 업종이다. 하지만 나만의 생각으로는 한계가 있으니, 반드시 키워드도구 시스템을 통해 정확한 데이터를 확인해 미처 생각하지 못한 키워드를 발굴해내자.

● 다양한 지역명

부동산 중개업 관련 대표키워드는 지역명과 부동산 종목을 결합하면 된다. 예를 들면 서초동 아파트, 서초동 빌라, 서초동 상가, 서초동 사무실, 서초동 원룸 등이다. 그런데 지역명은 반드시 서초동으로만 검색하지는 않는다. 동을 빼고 서초라고만 지역명을 검색할 수도 있고, 지하철역을 기준으로 서초역으로 지역명을 검색할 수도 있고, 다양하게 지역명을 사용해 검색한다. 서초구로 지역명을 검색할 수도 있고, 서울을 붙여서 검색할 수도 있기 때문에 다양한 가능성을 두고 키워드를 추출해야 한다. 특히나 지역명을 다양하게 부르는 지역일 경우에는 반드시 광고시스템의 키워드도구를 통해 지역명을 전부 찾아내야 한다.

연관키워드	월간검색수		월평균클릭수		월평균클릭률		경쟁 정도	월평균노출 광고수
	PC	모바일	PC	모바일	PC	모바일		
하남미사아파트	260	2,010	2.0	4.3	0.83%	0.24%	중간	7
미사강변도시아파트	110	250	0.8	0.7	0.72%	0.27%	중간	9
여수아파트	1,630	4,040	5.2	8.3	0.33%	0.23%	높음	15
미사강변도시	3,010	4,320	3.3	1.7	0.12%	0.05%	높음	15
하남미사지구부동산	<10	10	1.5	1.0	16.4%	11.12%	중간	7
미사부동산	520	560	1.1	4.3	0.2%	0.9%	높음	15
하남시아파트	580	2,080	0.5	0.7	0.11%	0.04%	높음	15
하남부동산	300	830	5.1	41	1.96%	5.51%	높음	15
평택임대아파트	150	870	0.6	0.5	0.41%	0.07%	중간	5
의정부임대아파트	120	790	0.9	3.0	0.76%	0.41%	낮음	4
미사지구부동산	10	30	0.3	3.0	2.39%	8.83%	중간	11

자료 5-2 네이버 광고 관리시스템 도구메뉴

광고관리시스템의 도구메뉴 키워드도구로 '하남미사아파트'로 검색한 결과, 연관키워드의 지역명이 하남미사, 미사강변도시, 미사, 하남시, 미사지구 등이 나오고 있다. [자료 5-2]의 검색결과는 최근 한 달간 조회수이므로 실제로 검색이용자들은 지역명을 다양하게 검색하고 있음을 알 수 있다.

● 연관검색어, 검색어 자동완성

특정 키워드를 검색하면 연관검색어가 나온다. 연관검색어는 검색품질을 높이기 위한 기능으로, 검색사용자가 검색을 통해 원하는 결과를 찾기 쉽게 관련성이 높은 키워드를 선정해 보여주는 기능이다. 부동산 매물 키워드를 검색했을 때 나오는 연관검색어를 키워드로 발굴할 수 있다. 특정 키워드를 검색창에 입력 중에 아래쪽에 자동완성할 수 있도록 검색어를 추천해주는 기능이 검색어 자동완성 기능이다. 검색어 자동완성 기능은 검색량이 많은 키워드를 추천해주므로 키워드를 발굴해낼 수 있다.

● 오타어

오타어는 맞춤법 오류나 타이핑 실수 등으로 잘못 입력한 키워드를 말하는데, 제대로 검색한 경우 보다 비용은 훨씬 저렴하고, 광고효율은 높다. 대표적인 오타는 래미안 아파트를 레미안 아파트로 검색하는 경우가 있고, 재개발을 재계발로 검색하는 경우 등이 있다. 우리 지역의 지역명이나 아파트명이 오타 가능성이 있다면 오타도 키워드광고를 등록해야 한다.

● 키워드 조합

부동산 종목에는 아파트, 빌라, 다가구주택, 원룸, 오피스텔, 상가, 사무실, 토지, 공장, 창고, 경매, 재개발, 재건축 등이 있고, 여기에 추가로 아파트명이나 오피스텔명, 상가명 등이 추가될 수 있다. 그리고 세부키워드로 확장할 키워드는 [자료 5-3]과 같이 매매, 전세, 월세, 임대 등 다양한 확장키워드를 조합해 세부키워드를 만들어낼 수 있다.

확장키워드						
매매	평당가격	관리사무실	가치	즉시입주	원룸/오피스텔	
전세	평당시세	거래	건설사	싼매물	풀옵션	
월세	경매	거래량	상담	싼전세	무보증	
시세	교통	거래내역	정보	싼월세	실사진	
가격	편의시설	시세표	사기	렌트	원룸	
임대	추천매물	오늘시세	팔기	단기렌트	투룸	
매물	공시가	주간시세	현황	세대수	쓰리룸	
급매	공시가격	시세동향	주변아파트	프리미엄	복층	
급매매	급매시세	위치	주변부동산	입주	공장키워드	
급전세	단기임대	위치도	학군	아파트키워드	분양	
급월세	단기전세	평면도	주변중개소	1단지	임대	
급매물	단기월세	실거래가	평형	2단지	공업지구	
매매시세	현재매물	실거래	평당가	24평형	아파트형	
전세시세	실시간매물	실거래추이	미래가치	32평형	공장지구	
월세시세	현재금매	실거래동향	값	빌라/주택키워드	창고	
매매상담	부동산	실거래분석	관리비	단독	사무실	
전세상담	부동산업체	공시지가	전세놓기	다가구	상가	
월세상담	근처부동산	기준시가	월세놓기	단독주택	빌딩	
매매문의	중개소	투자	구하기	다가구주택	층별	
전세문의	근처중개소	투자상담	매매구하기	신축	토지키워드	
월세문의	중개사	소액투자	전세구하기	신축분양	땅	
매매가격	공인중개사	투자상담	월세구하기	인근빌라	임야	
전세가격	전문	투자가치	매매싼곳	1구역	농지	
월세가격	전문부동산	시세차익	전세싼곳	2구역	틀린글씨	
투자최적지	알짜매물	양도차익	월세싼곳		래미안-레미안	
투자적기	실입주물건	실입주	싼곳		재개발-재계발	
투자최적기	내놓기	실입주금	친절한		렌트-랜트	

자료 5-3 세부키워드로 확장할 키워드

세 가지를 조합하면 하나의 부동산 중개업소에 1,000개 이상의 키워드가 나오며, 수천 개에서 만 개 이상의 키워드가 나오는 경우도 있다.

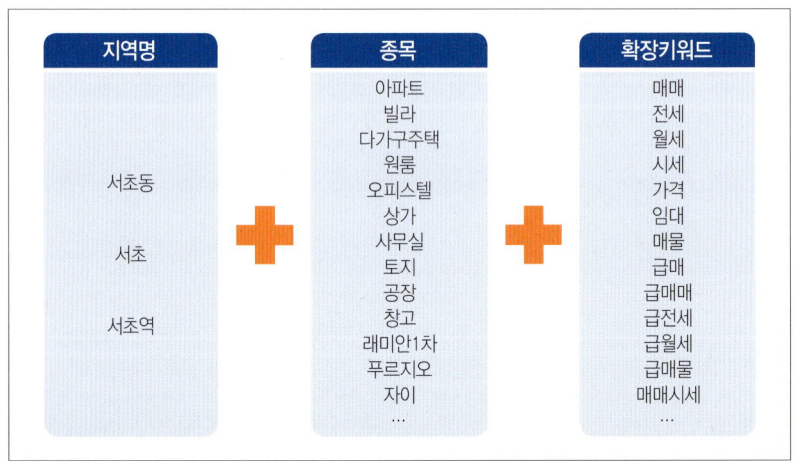

자료 5-4　키워드 조합 예시

　키워드는 최대한 많이 추출해서 엑셀파일로 그룹별 정리를 하고, 중복 키워드 제거 기능을 통해 제거 후 광고시스템에 등록하면 된다. 키워드는 한꺼번에 100개씩 등록할 수 있으나 대량등록 기능을 이용하면 수천, 수만 개의 키워드도 한꺼번에 등록할 수 있다.
　대표키워드의 경우에는 검색량도 많고, 클릭수도 많지만, 다수의 광고주가 경쟁 입찰을 하므로 광고비용이 비싸다. 세부키워드는 검색량이 적고, 클릭수도 적지만, 광고비가 저렴하고, 타깃팅된 검색어로 고객의 니즈가 반영되어 매출상승에 더 효과적일 가능성이 높다. 부동산 키워드 추출의 핵심은 세부키워드 추출이다. 효과 좋은 저렴한 세부키워드를 추출해서 광고비는 줄이고, 효과는 올릴 수 있도록 해야 한다.

4
파워링크 광고 직접 등록하기

　부동산 중개업 종사자의 대다수는 키워드광고를 직접 운영할 수 있다는 것을 모르고 있으며, 알고 있다고 하더라도 키워드광고등록을 힘들어 한다. 왜냐하면 평상시 접해보지 않았던 시스템 사용법과 생소한 용어들로 인해 너무나 어렵게 느껴지기 때문이다. 필자도 처음 키워드광고를 접했을 때 굉장히 어렵다는 생각을 했다. 하지만 가장 쉽게 키워드광고등록을 익히는 방법이 있다. 가장 간단한 키워드 1개를 먼저 등록해보자. 처음 키워드광고를 등록하기에 가장 쉬운 키워드는 지역명과 상호를 조합한 키워드다. 예를 들면 '서초동 ○○ 부동산'처럼 본인 사무실 키워드를 등록해보면 원리를 이해하고, 좀 더 응용된 키워드도 등록할 수 있을 것이다.

　키워드광고를 등록하기 위해서는 홈페이지나 블로그 등 키워드광고를 클릭했을 때 보여줄 사이트가 준비되어 있어야 한다. 몇 년 전까지만 하더라도 많은 부동산 중개업소에서 키워드광고를 위해 홈페이지를 만들었다. 하지만 최근에는 블로그를 홈페이지 대체 수단으로 많이 사용하고 있는 추세다. 블로그의 디자인이 고급화되면서 홈페이지형 블로그로 디자인하게 되면 홈페이지 수준에 가까운 블로그를 만들 수 있을 뿐 아니라, 블로그는 네이버에서 무료로 제공되는 서비스로 비용절감 효과가 크기 때문이다. 또한, 키워드광고를 블로그로 걸면 블로그 방문자가 늘어 블로그 지수를 상승시켜 블로그 검색순위도 올려주므로 1석 2조의 효과를 거둘 수 있다.

● 파워링크 광고등록하기

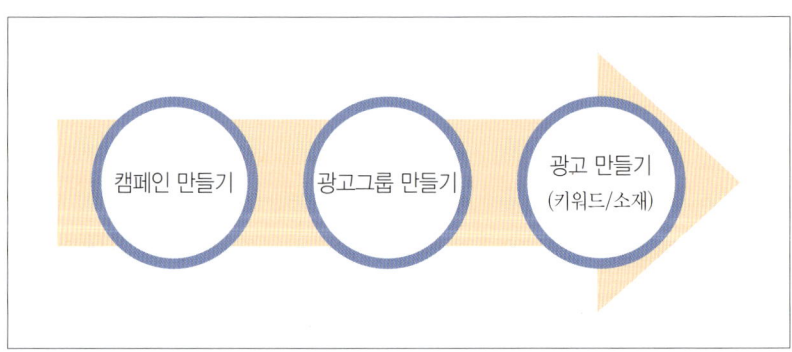

자료 5-5 파워링크 광고등록 프로세스

네이버 광고시스템에서 광고 만들기로 들어가면 [자료 5-6]과 같이 3단계를 거쳐 광고를 등록하게 된다.

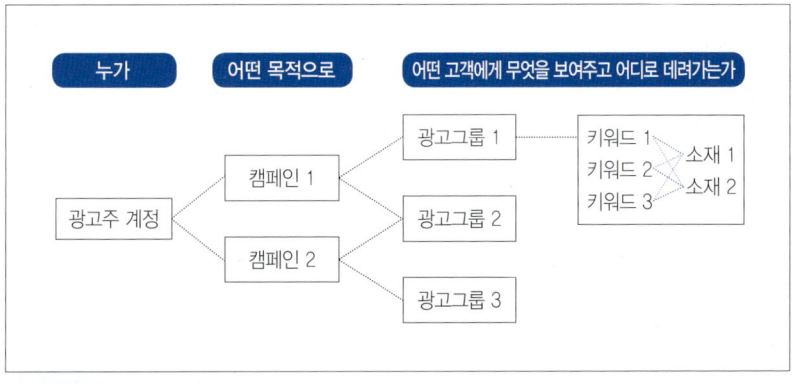

자료 5-6 파워링크 캠페인, 그룹, 키워드, 소재 관계도

● 캠페인 만들기

캠페인은 광고등록 시 가장 먼저 입력하는 상위 단위로, 마케팅 활동에 대한 목적을 기준으로 묶어서 관리하는 광고전략 단위다. 캠페인을 통해 동일한 목적을 가진 마케팅 활동을 묶어 통합적으로 특정기간과 예산을 설정할 수 있다. 광고주 계정당 최대 200개까지 만들 수 있다.

❶ 캠페인 유형에는 파워링크, 쇼핑검색, 파워콘텐츠, 브랜드검색, 플레이스 총 다섯 가지 유형이 있으며, 부동산 중개업소에서 광고할 수 있는 유형은 파워링크와 플레이스, 그리고 일부 부동산 대표키워드에서 파워콘텐츠를 광고할 수 있다. 플레이스 등록과 관련해서는 이 책에서 별도로 다루고 있으니 참고 바란다.

❷ 캠페인은 대다수의 부동산 중개업소의 경우 1개의 캠페인으로 관리해도 무방하다. 캠페인 이름은 광고에 실제 노출되지 않고, 광고관리 목적으로만 사용되므로 상호 등 원하는 캠페인 이름을 사용하면 된다. 부동산 분양팀인 경우라면, 분양 현장을 옮겨 다니며 활동하므로 캠페인 이름을 분양 부동산명으로 관리하면 좋다. 캠페인 만들기에서는 파워링크 유형을 선택하고, 캠페인 이름을 입력한다.

❸ 하루예산을 반드시 설정하자. 하루예산은 적절한 광고예산 규모를 고려해 설정해야 한다. 실제로 하루예산 무제한으로 서래마을이라는 키워드를 사용해 광고를 하는 중개업소에서 100만 원 충전 후 몇 시간 만에 예산이 다 소진되었다. 이유는 그날 서래마을로 연예인이 이사를 왔는데, 서래마을이 궁금한 10~20대가 집중적으로 클릭을 했기 때문이다. 고급옵션에서 광고노출 기간을 설정할 수 있으므로 분양팀 등 특정기간에만 광고를 집행할 경우에는 활용하면 좋다.

자료 5-7 캠페인 만들기

● 광고그룹 만들기

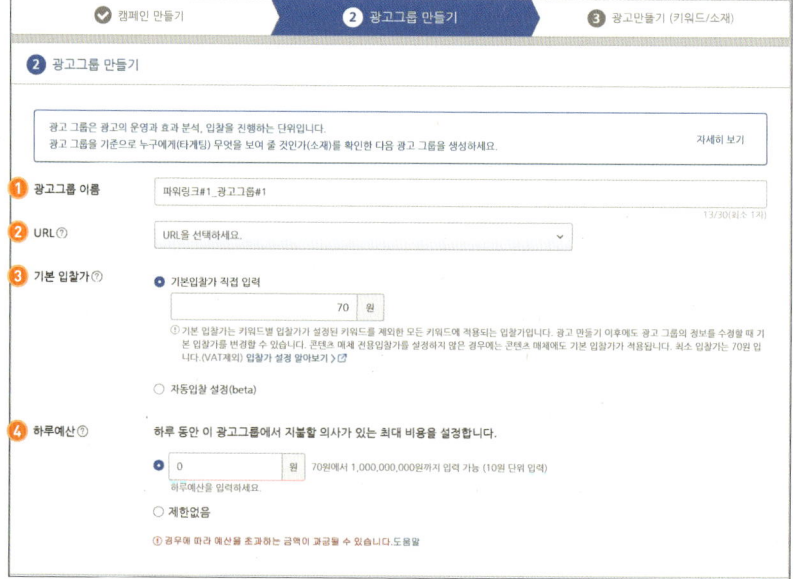

자료 5-8 | 광고그룹 만들기

❶ 광고그룹은 부동산 종목별로 관리하는 것이 편리하다. 예를 들면 아파트 그룹, 빌라 그룹, 상가 그룹, 오피스텔 그룹 등, 아파트 전문 중개업소라면 아파트 이름으로 그룹명을 줘도 좋다. 그 외에도 키워드 클릭 단가가 높은 주요 키워드만 별도로 관리하는 그룹을 둔다거나 하는 것들은 직접 운영해보면서 효율적인 방법으로 개선하면 된다.

❷ URL은 키워드광고로 유입될 본인의 블로그나 홈페이지 등 사이트 주소를 입력해주면 된다.

❸ 기본 입찰가는 일단, 기본 입찰가 직접 입력 70원으로 그대로 둔다. 다음 단계 완료 후 노출순위와 클릭 단가를 직접 확인 후 조정하도록 할 것이다.

❹ 하루예산은 그룹의 하루예산으로 전 단계 해당 캠페인의 하루예산을 설정했지만, 여기에서도 그룹 내 하루예산을 설정할 수 있으니 필요하다면 하루예산을 설정하면 된다.

고급옵션에서 광고를 노출할 매체와 지역, 요일/시간대, 콘텐츠 매체는 모든 매체, 모든 지역, 모든 요일/시간대, 모든 콘텐츠로 가능한 모든 채널에 광고가 될 수 있도록 설정한다. 광고를 집행해 결과를 보면서 낭비 요소들은 제거해 나가도록 하면 된다.

● 광고 만들기(키워드/소재)

❶ 키워드광고에 등록할 키워드는 선택한 키워드란에 입력하면 된다. 선택한 키워드 옆의 연관검색어를 추가해도 되지만, 미리 엑셀파일로 추출해놓고 복사해서 붙여넣기하거나 대량등록을 하는 방법이 좋다.

❷ 소재 만들기에서 제목과 설명, 즉 광고문구를 등록해야 한다. 다른 부동산 중개업소는 어떤 문구로 광고를 하는지 벤치마킹을 해보자. 지역과 상관없이 많이 검색해보고 신뢰감을 주면서 눈에 띄는 문구들을 찾아보고, 우리 업소에 맞는 광고문구를 만들어보자.

광고문구를 잘 만든다면 광고비를 대폭 낮출 수 있다.
❸ 표시 URL은 사이트의 대표 주소로 홈페이지나 블로그의 메인 주소다.
❹ 연결 URL은 클릭 시 연결되는 랜딩페이지로 해당 키워드와 관련된 페이지가 연결되도록 주소를 설정해야 한다. 특히 블로그나 카페 등의 경우에는 연결 URL을 설정하지 않으면 메인 페이지의 최신 글 페이지로 연결되므로 광고효과를 떨어뜨릴 수 있으니 반드시 해당 키워드와 관련 페이지가 나올 수 있도록 설정해야 한다.

광고등록이 끝났다면 이제 키워드의 순위와 단가를 결정하면 된다. 입찰가를 변경할 키워드들을 선택 후에 입찰가 일괄변경으로 변경하면 편리하다. 선택한 키워드들의 입찰가를 PC 통합검색(파워링크+비즈사이트) 1위 평균 입찰가로 선택 후 변경사항 확인을 눌러 클릭단가를 확인한다. 키워드별로 입찰가를 변경하고 싶다면, 해당 키워드를 선택 후 입찰가 개별변경으로 입찰가를 변경하면 된다. 일찰가가 부담스러운 가격이면 순위를 낮춰 변경하면 된다. 순위를 낮출 경우, 검색량이 많은 키워드는 1위~10위까지 파워링크 상단노출되고, 11위~15위는 중간 이후의 비즈사이트에 노출된다. 검색량이 적은 키워드는 1위~3위까지만 상단노출되어 3위 이내로 입찰해야 한다.

부동산 중개업에서 효과 좋은 마케팅인 파워링크 광고는 본인이 직접 광고운영을 해야 최소비용으로 최대의 효과를 낼 수 있다. 광고운영 방법은 생각보다 어렵지 않고, 네이버 광고 고객센터는 친절하게 상담을 해주고 있으니 이제는 직접 해보자.

자료 5-9 광고 만들기(키워드/소재)

5. 클릭을 부르는 광고문구 만들기

부동산 관련 키워드광고를 보면 광고문구가 너무 평이한 것들이 많다. 키워드광고에서 광고문구는 광고비를 절감할 수 있는 가장 중요한 역할을 하므로 효과 좋은 광고문구를 만들기 위해 많은 시간을 할애해야 한다. 키워드광고의 효과를 높이기 위해 매우 중요한 요소 중 하나는 광구문구, 즉 고객에게 보여줄 메시지다. 효과적인 광고문구를 사용하면 광고집중도를 높여, 고객에게 자신의 광고를 더 어필할 수 있다.

키워드광고는 순위가 높다고 효과가 좋을까? 업종별로 다르기는 하지만 대부분은 키워드광고 1위에 있다고 클릭하기보다는 광고문구가 주는 메시지가 마음에 들어야 클릭하게 된다. 그만큼 광고문구가 키워드광고의 핵심이다. 좋은 광고문구가 나오려면 많이 봐야 한다. 벤치마킹을 통해서 좋은 광고문구를 찾아 우리 사무실에 맞게 변경하는 것이 좋다. 광고문구는 제목 15자, 설명 20자~45자 이내로 작성하게 되어 있는데, 가능한 주어진 공간을 꽉 채워서 활용하는 것이 좋다.

  광고문구는 광고그룹당 최대 5개까지 등록할 수 있으며, 광고문구를 2개 이상 등록할 경우 성과가 우수한 광고문구가 노출되게 자동 조절된다. 고객은 자신이 검색한 검색어와 가장 관련이 높아 보이는 광고에 관심을 보이는 경향이 있으며, 검색한 키워드가 포함된 광고문구가 그렇지 않은 광고문구보다 고객의 관심을 받을 가능성이 높다. 광고문구 등록 시 키워드 삽입 기능을 사용하면 사용자가 검색한 검색어가 제목의 키워드에 대체된다. 또한 설명 글에는 굵은 글씨로 표시되면서 해당 키워드로 대체되어 검색한 사용자와 관련이 있는 광고임이 강조되어 주목도가 높아질 수 있다.

자료 5-10 광고 만들기(소재 만들기 키워드 삽입 기능)

  키워드 삽입 기능 사용 시 필수로 대체키워드를 입력해야 한다. 대체키워드는 키워드 삽입 시 광고문구가 전체 글자수가 초과되거나 미달되는 경우, 검색키워드를 대신해서 노출되는 단어다. 따라서 대체키워드는 해당 광고그룹의 키워드를 대표할 만한 단어로 입력하는 것이 좋으며, 최대 10자까지 입력할 수 있다. 키워드광고 광고문구로 신뢰감을 줄 수 있는 표현, 전문가임을 강조하는 표현, 감성을 자극하는 표현 등 다양한 광고문구를 사용해 광고효과를 측정해봐야 한다.

신뢰감을 줄 수 있는 광고문구의 예를 들어보면 송파구 모범중개업소, 서울시 모니터링요원 위촉, 30년 전통 등 신뢰감을 줄 수 있는 장점을 찾아 표현해줘야 한다. 원룸, 오피스텔의 경우에는 실매물, 실사진, 실동영상 등 허위가 아닌 실제 매물이라는 것을 강조하는 것이 효과적이다. 상가 투자 관련 광고문구에는 수익률, 상권 입지여건 등이 좋을 경우 효과적이다. 그 외 강남고급주택에 대한 광고문구라면 '대한민국 상위 1%를 위한 럭셔리 라이프가 시작됩니다!' 같은 표현은 어떤가? 매물에 대한 디테일한 설명이 아니어도 모든 것을 표현할 수 있는 눈에 띄는 광고문구를 찾아내야 한다.

● 키워드광고에 신뢰감을 올려줄 수 있도록 프로필 사진을 노출시키자

파워링크 광고에 프로필 사진을 노출시키는 기능이 있다. 프로필 사진이 노출되면 신뢰감에 좋은 영향을 주기 때문에 가능한 프로필 사진을 노출시키는 것이 좋다. 프로필 사진 노출 방법은 광고시스템 새 확장 소재 탭의 파워링크 이미지 메뉴에 프로필 사진을 등록 후, 해당 키워드의 순위가 파워링크 5위 안에 들도록 입찰가를 설정하게 되면 프로필 사진이 광고문구 왼쪽에 노출된다.

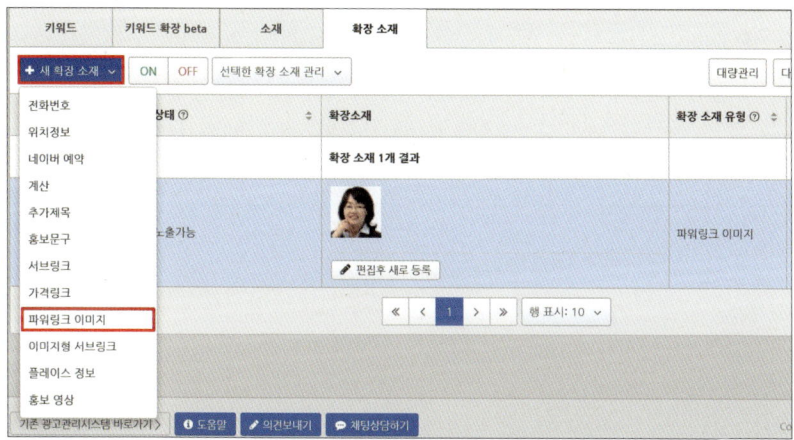

자료 5-11 광고 만들기(파워링크 이미지 삽입 기능)

파워링크에 홍보 영상 등록 방법은 네이버TV 채널 개설 후에 광고시스템에서 비즈채널을 등록해야 되며, 확장 소재에서 광고영상을 등록한다. 광고영상 등록 시 동영상용 썸네일 이미지가 필요하다.

광고문구는 사용자에게 가장 먼저 노출되어 고객을 유혹하는 부분으로, 부동산 중개업 키워드광고에서 가장 중요한 부분이다. 다른 업체들의 광고문구를 최대한 많이 벤치마킹해서 클릭을 부르는 본인만의 차별화된 광고문구를 만들어야 한다.

> **Tip** 광고문구가 '등록 불가'로 나오는 경우
>
> - 과도하게 사용된 특수 문자 확인 : 제목, 설명 문구에 [@#!$%^&*()|\:;?〈=] 등의 특수 문자가 과도하게 사용된 경우
> - 키워드 삽입 사용 횟수 확인 : 제목 1회, 설명 2회를 초과하는 키워드 삽입이 있을 경우
> - 금칙어 사용 확인 : 제목, 설명 문구에 사용이 불가능한 금칙어가 사용된 경우
> - 띄어쓰기 확인 : 설명 문구에 띄어쓰기가 없는 경우

> **Tip** 광고문구가 '소명필요' 메시지가 나오는 경우
>
> - 차별적 표현 : 제목, 설명 문구에 '최대', '최초', '1위' 등의 최상급 문구가 사용된 경우(허위과장 광고의 가능성이 있는 표현을 사용하는 경우 증빙자료를 등록해야 광고를 할 수 있다)

6 매출을 올려주는 랜딩페이지 설정

　키워드광고를 클릭했을 때 보이는 연결된 페이지를 랜딩페이지라고 한다. 부동산 중개업 관련 키워드광고를 클릭해보면 홈페이지 메인 화면으로 연결된 경우가 대다수이고, 심지어는 전혀 다른 매물이 나오는 경우도 종종 있다. 상가로 검색했을 때는 상가 매물이 나와야 하고, 아파트로 검색했다면 아파트 매물이 나올 수 있도록 랜딩페이지는 해당 키워드의 카테고리 메뉴로 연결되어 있어야 한다. 랜딩페이지가 검색어와 다르게 연결되어 있다면 클릭하는 순간 광고비는 지불이 되고, 고객은 이탈하게 될 가능성이 높다.

자료 5-12 광고 만들기(연결 URL 설정)

　부동산 홈페이지에 키워드광고를 걸 경우 홈페이지 관리자시스템 사용법이 서툴러 메인 화면으로 연결되었다면 반드시 홈페이지 제작 회사로부터 랜딩페이지를 카테고리 메뉴로 연결하는 방법을 확인해서 수정해야 한다.

　블로그나 카페로 키워드광고를 하는 경우도 블로그나 카페에 카테고리 메뉴 주소가 별도 존재하므로 해당 카테고리 메뉴를 랜딩페이지로 설정해야 한다. 블로그나 카페에서 해당 카테고리 메뉴에 마우스를 놓고 오른쪽 마우스를 클릭하면 속성에서 URL 주소를 확인할 수 있으며, 바로 가기 복사는 해당 카테고리 메뉴의 URL이 복사되므로 편리하게 이용할 수 있다.

　키워드광고를 위한 사이트는 홈페이지가 좋을까? 블로그나 카페가 좋을까? 홈페이지의 장점은 멋진 디자인과 다양한 효과와 기능을 이용해 원하는 대로 만들 수 있다는 장점이 있다. 하지만 제작비용과 유지관리비용이 계속 발생하며, 유료광고인 키워드광고를 하지 않으면 노출의 거의 되지 않는다.

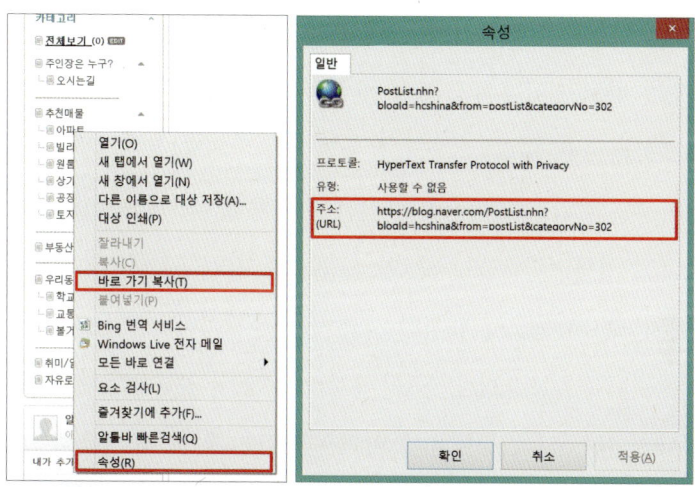

자료 5-13 광고 만들기(블로그 카테고리 메뉴 주소 복사)

    블로그와 카페는 주어진 포맷 내에서 제한적으로 꾸밀 수 있으나, 네이버의 무료서비스다. 장점은 광고를 하지 않아도 검색에 노출되어 제대로 운영한다면 광고효과를 톡톡히 볼 수 있으며, 최근에는 블로그 디자인 스킬도 많이 향상되어 홈페이지 수준에 가까운 디자인을 디자인 전문회사에 의뢰해서 만들 수 있다.

    운영해야 할 사이트가 많아지면 그만큼 시간 투자가 되어야 하기 때문에 부동산은 블로그 운영이 필수이므로, 블로그로 키워드광고를 하는 것이 효율적이다. 블로그를 키워드광고에 걸면 방문자가 늘어 지수도 올라가 검색노출도 잘되기 때문에 1석 2조 효과를 거둘 수 있다.

    키워드광고의 사이트로 사용할 홈페이지, 블로그나 카페의 카테고리 메뉴 구성은 광고를 할 키워드를 추출 후, 분류를 잘 해야 한다. 분류가 된 키워드를 정리해서 카테고리 메뉴를 만들어야 키워드광고가 매칭이 수월할 것이다. 예를 들어 아파트 전문 중개업소라면 아파트 이름별로 카테고리 메뉴를 나누는 것이 효율적일 것이고, 경매 전문이라면 지역별, 종목별로, 딱히 전문분야가 있는 것이 아니라면 종목별로 카테고리 메뉴를 구분하는 것이 좋다.

메뉴 구성에는 키워드 조회수를 반영하는 것이 좋다. 가장 많이 검색해서 들어오는 매물 키워드가 메뉴의 상단에 오도록 구성하고, 검색량이 적은 키워드는 하단으로 배치하는 것이 효율적이다. 키워드광고에서 매물 종목단위(아파트, 빌라, 원룸, 오피스텔, 상가, 사무실 등)로 그룹을 만들었다면, 블로그에도 메뉴를 아파트, 빌라, 원룸, 오피스텔, 상가, 사무실 등으로 카테고리 메뉴를 구성해야 광고관리가 효율적이다.

키워드광고 랜딩페이지는 반드시 검색한 검색어와 관련 있는 매물이나 정보를 바로 볼 수 있도록 연결해야 한다. 그래야만 최고의 광고효과를 볼 수 있다.

> **Tip**
>
> 키워드광고를 빨리 걸어야 하는데, 블로그에 매물 포스팅이 몇 개밖에 없어서 광고를 걸 수가 없는데 홈페이지를 만들어야 하나요?
>
> 블로그에는 대부분 글 1개에 매물 1개의 글을 쓰기 때문에 매물 글이 많아지려면 상당한 시간이 필요할 수 있다. 이럴 때는 추천매물 등으로 카테고리 메뉴를 만들어 매물 모음표를 만들어서 광고를 걸고, 블로그에 매물이 많이 채워지면 키워드광고의 랜딩페이지를 변경해 운영하면 된다.

7
광고예산 및
리포트 분석을 통한
효율적 광고전략

　부동산 중개업에서는 키워드광고 광고비 예산을 많이 책정할 수 없다. 왜냐하면 네이버 부동산, 직방, 다방 등 다른 매체 광고비뿐만 아니라, 임대료 등 기타 유지비로 인해 최근에는 키워드광고를 하지 않는 부동산 중개업소가 더 많다. 성수기에는 공격적으로 광고를 하고, 비수기나 불황에는 세부키워드 전략으로 최소한의 광고비로 효율적인 광고를 해야 한다.

　키워드광고를 하고 있다면 반드시 효과를 측정해봐야 한다. 부동산 중개업소는 홈페이지 등을 통해서 바로 결제가 이뤄지는 업종이 아니다. 그렇기 때문에 정확한 성과 측정이 쉽지 않으며, 특히 블로그나 카페로 키워드광고를 한다면 더더욱 분석이 힘들다. 하지만 광고시스템의 보고서를 통해 키워드별로 조회수, 노출수, 클릭수, 클릭률 등을 통해 어느 정도 성과 측정이 가능하다.

키워드광고 보고서는 다차원 보고서와 대용량 다운로드 보고서로 구성되어 있는데, 다차원 보고서에서는 나만의 맞춤 보고서를 엑셀로 만들고 저장할 수 있다.

- **기본 보고서** : 계정, 캠페인, 광고그룹, 키워드, 키워드 확장, 소재, 확장 소재별 광고성과를 확인할 수 있다.
- **전환 보고서** : 다양한 전환 유형별 광고성과를 확인할 수 있다.
- **시간 보고서** : 분기별, 월별, 주별, 일별, 요일, 시간대별 광고성과를 확인할 수 있다.
- **지역 보고서** : 지역별 광고성과를 확인할 수 있다.
- **매체 보고서** : 매체 유형별로 광고성과를 확인할 수 있다.

전환 보고서의 전환은 구매 전환율을 의미하는 것으로, 부동산 중개업은 홈페이지나 사이트를 통해 직접 결제가 되지 않기 때문에 전환 보고서는 파악이 힘들다.

프리미엄 로그분석 서비스를 사용하면, ① 신규방문/재방문자들의 방문시간대 및 방문지역을 확인하고, ② 고객을 유입시키는 키워드 및 검색엔진을 파악할 수 있으며, ③ 어떤 메뉴나 페이지를 즐겨 찾는지, 페이지뷰와 평균체류시간을 알 수 있다.

페이지 분석에서는 방문자가 어떤 메뉴나 페이지를 즐겨 찾는지, 어디에서 사이트를 종료했는지, 인기/시작/종료/반송페이지의 페이지뷰와 평균체류시간을 확인할 수 있어 사이트 개선에 참고할 수 있다.

카페 블로그 등 HTML 코드를 수정할 수 없는 사이트는 서비스 이용이 어렵다.

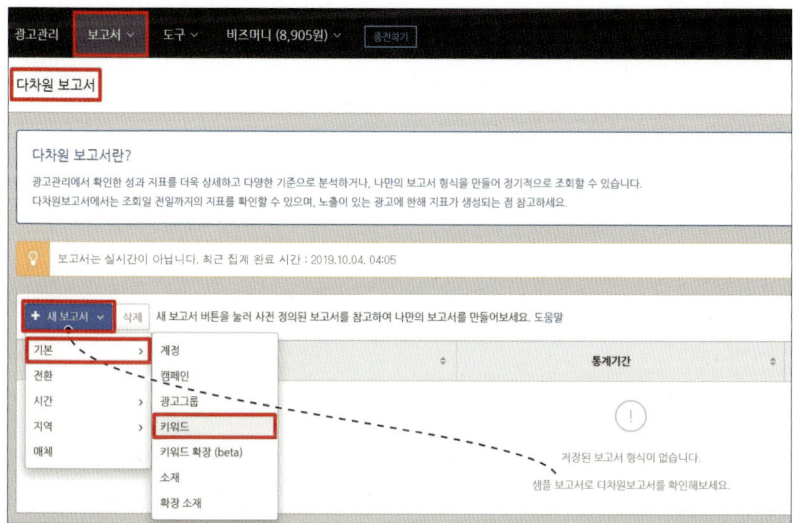

자료 5-14 파워링크 다차원 보고서

부동산 중개업소에서 가장 궁금해할 키워드별 광고성과는 광고시스템 보고서 메뉴의 다차원보고서-새 보고서-기본-키워드를 선택하면 광고 중인 키워드의 노출수, 클릭수, 클릭률, 클릭비용, 총비용 등을 일자별로 확인할 수 있다. 엑셀 파일로 저장해서 활용할 수도 있다.

캠페인	광고 그룹	키워드	일별	노출수	클릭수	클릭률(%)	평균클릭비용(VAT 포함, 원)	총비용(VAT 포함, 원)	평균 노출순위	전환수	직접 전환수	간접 전환수	전환율(%)	전환 매출액(원)
알마스터	알마스터연구소	알마스터	2019.09.27.	5	2	40.00	77	154	1.0	0	0	0	0.00	0
알마스터	알마스터연구소	알마스터	2019.09.28.	3	0	0.00	0	0	1.0	0	0	0	0.00	0
알마스터	알마스터연구소	알마스터	2019.09.29.	3	1	33.34	77	77	1.0	0	0	0	0.00	0
알마스터	알마스터연구소	알마스터	2019.09.30.	9	5	55.56	77	385	1.0	0	0	0	0.00	0
알마스터	알마스터연구소	알마스터	2019.10.01.	7	3	42.86	77	231	1.0	0	0	0	0.00	0
알마스터	알마스터연구소	알마스터	2019.10.02.	2	2	100.00	77	154	1.0	0	0	0	0.00	0
알마스터	알마스터연구소	알마스터	2019.10.03.	2	1	50.00	77	77	1.0	0	0	0	0.00	0
알마스터	알마스터연구소	알마스터	2019.09.27.	10	5	50.00	77	385	1.0	0	0	0	0.00	0
알마스터	알마스터연구소	알마스터	2019.09.28.	15	5	33.34	77	385	1.0	0	0	0	0.00	0
알마스터	알마스터연구소	알마스터	2019.09.29.	3	1	33.34	77	77	1.0	0	0	0	0.00	0

자료 5-15 파워링크 보고서 조회

키워드별 광고성과 외에도 캠페인별 광고성과, 그룹별 광고성과도 관리해야 한다. 다차원 보고서의 시간대별 보고서를 통해 광고를 많이 보는 시간대를 확인해서 매물은 그 이전에 사이트에 올리도록 하는 것이 좋으며, 월별 보고서를 통해 연중 광고비 예산 책정에 참고하자. 그 외 지역 보고서를 통해 어느 지역에서 노출과 클릭이 많이 되는지도 참고하면 좋다.

광고비는 과해도 안 되지만 그렇다고 너무 적어도 안 된다. 성수기에는 과감하게 광고비를 투자해야 하고, 비수기에는 세부키워드광고나 브랜드마케팅 위주로 효율적인 광고관리를 해야 한다. 광고비 분석을 통해 연간 광고비 지출 예산계획을 세우고, 매출에 따른 적정수준의 광고비를 책정해 장기적으로 꾸준히 광고를 해야 한다.

PART

검색 포털 장악해 매출 10배 끌어올리기

1 부동산 포털, 부동산 앱

　부동산 중개업의 필수 광고 중 우선순위가 가장 높은 것은 네이버 부동산 광고라고 할 수 있다. 특히, 주택의 경우는 무조건 해야 하는 광고다. 다음 부동산이 최근 직방과 결합해 광고를 시작했고, 아파트 매물 광고의 경우, 무료 시범 서비스 중이어서 직방에 매물을 올리면 직방과 다음 부동산에도 무료로 매물이 게재된다.

　네이버 부동산 광고는 제휴업체를 통해 가능하다. 네이버 부동산에 부동산 매물광고를 게재하는 제휴 사업자는 약 20개 업체다. 제휴사별로 매물 등록비용이 약간의 차이가 있으니, 여러 제휴사를 비교해서 계약하면 된다. 네이버 부동산에 광고를 하려면 네이버 단체회원 가입 후 부동산 중개업소 개설등록증과 사업자등록증을 제출해서 네이버 부동산 중개업소 회원으로 등록하면 된다.

　네이버 부동산의 매물도 상위노출 순서가 있다. 네이버 부동산 관리센터에서 네 가지 방법으로 매물을 검증한 후 네이버 부동산에 노출해주는 검증매물로 검증방법 등에 따라 네이버 매물검증센터 자체 평가 기준인 진성도순으로 노출이 된다.

홍보확인서 매물은 중개업소에서는 의뢰인이 직접 작성하고 날인한 '매물홍보확인서'를 부동산 매물검증센터에 팩스로 제출하거나 매물전송 시 이미지로 첨부할 수 있으며, 부동산 매물검증센터에서는 '매물홍보확인서' 확인 및 등기부등본 조회를 통해 매도/임대 의뢰 여부, 가격, 주소, 소유자 등을 확인한다.

전화확인 매물은 부동산 매물검증센터에서 매도/임대의뢰인에게 전화 및 등기부등본 조회를 통해 매도/임대 의뢰 여부, 가격, 주소, 소유자 등을 확인하는 방식이다. 현장확인 매물은 부동산 매물검증센터에서 물건 현장을 직접 방문해 매물 정보 및 거래 가능 여부를 확인하는 방식이다. 현장확인 방식으로 등록된 매물은 지도에 매물의 실제 위치가 노출되며, 매물 리스트에는 매물 사진이 썸네일로 노출된다. 중개업소에서는 의뢰인에게 현장확인 매물에 대해 사전에 충분히 알리고 동의를 받아야 하며, 임대인/임차인과 방문 날짜 및 시간을 반드시 미리 협의해야 한다. 홍보확인서 및 촬영동의서는 현장확인 시 의뢰인이 반드시 직접 날인해야 한다.

현장확인 매물 등록 가능 지역은 서울시, 경기도(고양시, 과천시, 광명시, 광주시, 구리시, 군포시, 김포시, 남양주시, 부천시, 성남시, 수원시, 시흥시, 안산시, 안양시, 용인시, 의왕시, 의정부시, 하남시), 인천시(단, 도서 지역인 인천 강화군, 옹진군, 중구는 제외), 부산시(단, 기장군, 강서구는 제외)다.

모바일확인 매물은 등기부등본상 소유자가 매물 거래가능 여부를 직접 확인해주는 방식으로 서비스에는 '집주인' 마크가 붙어서 노출된다. 소유자 인증 확인방법은 부동산 매물검증센터에서 '소유자'의 휴대폰 번호로 문자 메시지를 발송하면 해당 문자 메시지 수신자가 네이버 로그인·실명인증을 통해 본인이 '소유자'가 맞다는 것을 인증한다. 이어서 네이버 회원여부 및 이동통신사 가입정보를 통해서 자동으로 실명인증을 진행한다. '소유자'가 1차 확인한 매물은 부동산 매물검증센터에서 등기부등본 조회를 통해 소유자, 주소 등의 정보를 다시 한 번 확인한 후, 네이버에 확인 매물로 노출된다.

중개업소 소개란에 톡톡상담 기능을 추가해 다양한 상담채널을 확보하는 것이 좋다. 톡톡서비스는 톡톡파트너센터(https://partner.talk.naver.com)에서 가입 후, 네이버 부동산에 연결할 수 있는 무료서비스다. 또한, 중개업소 소개란에 운영하는 블로그가 있다면 블로그 주소를 링크해놓는 것이 좋다. 부동산 홈페이지보다는 블로그를 걸어두는 것이 좋다.

네이버 부동산의 중개업소 대표자 사진은 아주 중요한 역할을 하므로 반드시 프로필 전문 사진관에서 웃는 표정으로 사진을 찍어야 한다. 간혹 무서운 표정인 대표님들이 있는데, 절대 안 된다. 미소를 띤 얼굴로 사진을 찍어야 호감도가 높아진다. 프로필 사진은 네이버 부동산뿐만 아니라, 블로그, 카페, 유튜브, 지식인 등 다양한 SNS채널 운영 시 필요하므로 신경 써서 찍어두는 것이 좋다.

다음 부동산은 많은 변화가 예상된다. 현재 직방에 아파트 매물을 올리면 무료로 다음 부동산에도 노출되도록 무료 시범 서비스 중이므로 이용해보자.

● 부동산 앱(직방, 다방, 네모)

직방 앱은 전국 원룸 시장을 장악했다. 바로 이어 나온 다방 앱과 더불어 부동산 중개업의 필수 광고로 자리매김했다. 원룸, 오피스텔 광고는 블로그 등 모든 광고보다 직방이나 다방 광고를 해야 하는 구도로 바뀌었다. 문제는 광고비를 지출해야 하는 것이다.

직방 원룸 광고상품은 기본 이용 상품, 안심 추천 상품, 원룸 노출형 상품, 지하철역 입점 VIP 상품이 있다. 기본 이용 상품은 직방 원룸형 광고상품을 유료로 이용하기 위해 필수적으로 구매해야 하는 상품이다. 여기에 추가해 다른 상품을 구매할 수 있다. 가격 정책도 지역별로 차등을 두어 과밀지역, 특정지역, 기타지역 등으로 원룸 수요가 많은 지역의 가격이 높다.

다방 앱은 일반 상품, 단지 상품, 프리미엄 상품, 패키지 상품, 플러스 상품으로 구분되어 있다. 다방 광고상품도 동 프리미엄 검색, 지하철 프리미엄 검색, 캠퍼스 프리미엄 검색 등 프리미엄을 통한 가격 차등을 두고 있다.

네모 앱은 사무실, 상가 분야 앱으로 자리 잡아가고 있다. 네모는 일반 매물 상품과 프리미엄 매물 상품이 있으며, 지역별로 상품가격이 차별화되고 지역 내에서도 등급별로 가격을 차별화해 판매하고 있다.

부동산 중개업소를 운영하는 데 필요한 광고가 점점 늘어나고 있다. 문제는 광고비다. 유료광고도 물론 할 수밖에 없지만, 장기적으로는 무료광고로 전환할 수 있도록 노력해야 한다.

2 지식인 마케팅

　부동산 중개업 온라인 마케팅에서 가성비 좋은 마케팅 중 하나가 네이버 지식인 마케팅이다. 대다수의 중개업 종사자분들이 네이버 지식인 활동을 하지 않아 상위노출도 어렵지 않다. 지식인 활동이 어떻게 마케팅 효과가 있는지 의아할 수 있다. 부동산 관련 지식인 질문을 보면, 지역과 무관한 질문으로 이런 질문에 답변을 해도 우리 사무실 매출과는 무관하기 때문이다.

　하지만 감나무에서 감이 떨어질 때까지 기다리면 안 된다. 주변 지인들에게 지식인에 우리 사무실 매물 관련 질문을 올려 달라고 부탁해야 한다. 여기서 본인이 직접 질문을 올리고, 답변도 본인이 하면 절대 안 된다. 같은 IP에서 질문과 답변을 동시에 하는 등 부적절한 방법으로 지식인을 이용하면 이용제한이나 영구정지를 받게 된다.

　지식인은 답변자의 등급도 상위노출에 영향을 미친다. 지식인 등급은 초수부터 절대신까지의 등급으로 구성되어 있다. 채택건수와 내공 점수, 답변 채택률에 의해 등급이 올라간다.

구분	내공	채택 답변수	채택 답변률
초수	1,501	3	0%
중수	3,001	20	
고수	7,001	40	
영웅	15,001	80	
지존	35,001	200	
초인	65,001	400	
식물신	100,001	1,000	50%
바람신	130,001	1,300	
물신	170,001	1,700	
달신	230,001	2,300	
별신	300,001	3,000	
태양신	400,001	4,000	
은하신	600,001	6,000	
우주신	1,000,001	10,000	
수호신	2,000,001	20,000	
절대신	5,000,001	50,000	

자료 6-1 　네이버 지식인 활동 내공 점수

출처 : 네이버(이하 네이버 지식인 화면 공통)

　지식인 활동별 내공 점수 획득 포인트다. 지식인 활동을 열심히 하면 대부분 내공 점수는 부족하지 않게 획득할 수 있다. 이외에도 내공이 차감되거나, 등급업 시 획득되는 내공 점수가 있으며, 답변 활동을 열심히 하면 보너스 내공이 주어진다.

활동		획득 내공	상세내용
게시물 등록	질문 등록	5	
	답변 등록	10	신 등급 미만
	답변 등록	20	신 등급 이상
	1:1 답변 등록	10	
	첫 답변 등록	200	최초 1회
	첫 프로필 사진 등록	30	최초 1회
	오픈사전 등록	10	오픈국어/노하우
	오픈사전 등록	15	오픈백과
	오픈사전 댓달기	1	
	1:1 답변 등록 내공 환급	10	
	질문 등록 내공 환급	5	
	답변 등록 내공 환급	10	신 등급 미만
	답변 등록 내공 환급	20	신 등급 이상
	추가내공 수정으로 획득	·	추가한 내공에 따라 다름
	질문삭제 시 추가내공 환급	·	추가한 내공에 따라 다름
채택	답변 채택	5	
	질문자 채택 받음	25	
	지식iN 채택 받음	25	
	채택 추가내공 받음	·	추가한 내공에 따라 다름
	채택 추가내공 환급	·	추가한 내공에 따라 다름
	채택 시 추가내공 50% 환급	·	추가내공의 50% (최대 500점까지)
	전문가답변 추가내공 환급	·	추가내공의 100%
	답변 감사인사	5	
	답변 감사인사 받음	25	
	첫 채택 받음	200	최초 1회
	답변 채택 내공 환급	5	
	질문자 채택 내공 환급	25	
관심설정	첫 관심키워드 설정	30	최초 1회
	첫 관심지역 설정	30	최초 1회
	첫 관심분야 설정	30	최초 1회
기타	신규가입	100	최초 1회
	로그인	3	하루 1회
	명예지식iN 선정	1000	
	지식iN 운영진 조정	·	상황에 따라 다름
	보너스 내공	·	지난주 활동에 따라 다름
	열심답변자 선정	300	보너스 내공에 추가 지급됨
	설문참여 감사	·	설문에 따라 다름
	등급업 축하	0	
	베스트Q&A 선정	50	
	답변 감사인사 내공 환급	5	
	답변 감사인사 획득 내공 환급	25	
	참여내공(해당사유)	·	상황에 따라 다름
	지식iN 전당 채택왕 등재	1000(연간)/100(연간)	
	지식iN 전당 기부왕 등재	1000	
	지식iN 전당 추천 Q&A 등재	500(연간)/50(연간)	
	지식iN 성지 Q&A 등록	500	
	제보 Q&A 지식iN 성지 등록	100	

자료 6-2 네이버 지식인 활동 내공 점수

    식물신 등급부터는 답변 채택률도 50%를 유지해야 하므로 채택 가능성이 높은 질문에 답변해야 한다. 지식인 등급을 올리기 위한 활동에는 부동산과 관련 없는 주제라도 무관하다. 어느 정도 등급이 올라가야 검색노출이 되므로 등급을 올리는 답변 활동도 꾸준히 해야 한다.

자료 6-3 | 네이버 지식인 카드

    지식인 카드는 지식인 온라인 명함이자 업체 정보를 소개하는 영역이다. 지식인 카드는 지난주 지식인 답변을 1개라도 했다면 지식인 카드 노출이 가능하다. 지식인 카드는 프로필에 플레이스 URL을 등록하고, 답변 시 지식인 카드 공개 설정을 하면 된다. 지식인 활동은 지식인 카드를 통해 마케팅 효과를 얻을 수 있다.

    지식인 서비스는 부적절한 게시 글을 쓰면 이용제한을 받는다. 지식인 답변 활동 시 유의할 점은 직접적인 홍보 글을 쓰면 안 된다. 상호나 URL, 전화번호 등을 답변 글에 포함하면 안 되고, 이미지에 상호, 전화번호 등 워터마크를 넣으면 안 된다. 같은 IP에서 질문과 답변을 해서도 안 된다.

    부적절한 게시 글로 신고되면 삭제될 수 있으며, 삭제 대상인 게시물에 대한 답변도 함께 삭제된다. 운영자에 의한 게시물 삭제 횟수가 누적이 되는 경우, 누적 정도에 따라서 일정 기간 동안 지식인 서비스에서 게시물 작성 및 수정, 프로필 접속제한, 추천하기 및 신고하기의 제한을 받는다. 단, 네이버 지식인 서비스에 치명적일 수도 있는 게시물이 발견되면 누적 정도와 관계없이 무기한 글쓰기가 제한될 수 있다. 글쓰기 금지 이용제한이 제한되는 경우, 동일한 주민등록번호의 모든 ID에 대해 적용된다. 게시물 삭제가 누적되는 경우, 누적 정도에 따라서 해당 ID에 대해서 영구적으로 지식인 서비스 활동을 금지할 수 있다.

원칙적으로 경고, 일시정지, 영구 이용정지 등 단계적인 제한이 가해지지만, 음란 게시물과 같이 그 내용이 법위반에 이르거나 사회적 물의를 일으키는 중대한 것으로 여겨지는 경우, 곧바로 일시 또는 영구 이용정지 조치될 수 있다.

지식인에서 최근 열심히 답변 활동을 하시는 분들을 '열심 답변자'로 선정해 질문자가 최근 열심히 활동한 답변자인지를 확인할 수 있도록 프로필 애니메이션을 제공한다. 열심 답변자 대상 및 기준은 일주일 기준으로 답변 25개, 채택 답변 12개가 기준이며, 등급업이 비교적 쉽고 기간이 짧은 중수 이하를 제외한 고수 이상이 대상이다. 매주 월요일 한 주간의 답변 활동을 기준으로 열심 답변자를 선정하며, 내 소식에서 선정 여부를 확인할 수 있다.

필자는 지식인 효과의 위력을 실제 중개업을 하면서 실감했다. 너무 전화가 많이 와서 업무가 마비될 정도여서 지식인 답변을 내린 적도 있다. 매출과 연결될 수 있도록 우리 지역 부동산 정보에 대한 지식인 활동을 통해 마케팅 효과를 노려보자.

3 카페 마케팅

　　네이버 카페로 이른바 대박이 난 중개업소가 실제로 있다. 대전 도안 신도시와 세종시에서 중개업소를 운영하는데, 세종시 행정수도 이전 수혜를 네이버 카페를 통해서 수익 창출로 이어졌던 것이다.
　　최근 부동산 중개업의 온라인 마케팅은 주로 블로그를 통한 마케팅이 대세다. 카페는 회원수나 등급이 메인 화면에 노출되어 어느 정도 활성화될 때까지 시간이 필요하다. 하지만 활성화된 카페는 블로그 이상의 위력을 가진다. 카페에 유익한 내용이 풍성하고 신뢰감이 있다면 고객들이 회원 가입을 한다. 블로그는 이웃들에게 접촉할 수 있는 방법은 새 글을 쓰면 알리는 정도이지만, 카페의 경우 회원들에게 직접 쪽지나 메일을 보낼 수가 있으며, 활성화된 카페의 경우 회원들이 활동해 주기 때문에 효과가 블로그보다 더 나을 수 있다.
　　카페 서비스를 다음이 먼저 시작해서 다음 카페도 오래되고 활성화된 카페들이 많다. 하지만 대부분 동호회 카페들이고, 상업적인 이용을 위해서는 포털 점유율이 높은 네이버 카페를 운영해야 효과가 좋다.

● 카페 랭킹 올리기

　카페 랭킹은 크게 6등급으로 구분되며, 등급별 5단계로 구성되어 있으므로 총 30단계의 등급으로 구성된다. 카페 상위노출도 등급에 영향을 미치므로 꾸준히 활동해야 한다. 랭킹은 카페 활동점수를 계산해 매월 2일/17일에 '랭킹 업데이트'가 이뤄지고 있다. 2일/17일에 업데이트된 랭킹은 4일/19일에 카페 메인 페이지에 반영된다. 활동점수가 높은 카페는 1회 업데이트에 2단계까지 올라갈 수 있으며, 업데이트 시 4회 연속으로 활동점수가 미치지 못하면 1단계 하락할 수 있다. 카페 서비스 운영원칙에 어긋나는 활동을 해서 경고 또는 이용제한이 된 카페는 활동점수가 반영되지 않으며, 랭킹이 하락할 수 있다.

명칭	시작점수	명칭	시작점수
씨앗1단계	0	가지1단계	4,000
씨앗2단계	30	가지2단계	5,000
씨앗3단계	80	가지3단계	7,000
씨앗4단계	200	가지4단계	10,000
씨앗5단계	350	가지5단계	20,000
새싹1단계	550	열매1단계	30,000
새싹2단계	800	열매2단계	45,000
새싹3단계	1,100	열매3단계	60,000

명칭	시작점수	명칭	시작점수
새싹4단계	1,400	열매4단계	75,000
새싹5단계	1,700	열매5단계	90,000
잎새1단계	2,000	나무1단계	110,000
잎새2단계	2,400	나무2단계	130,000
잎새3단계	2,800	나무3단계	160,000
잎새4단계	3,200	나무4단계	210,000
잎새5단계	3,600	숲	300,000

자료 6-4　네이버 카페 랭킹 점수

　카페 활동점수는 각 항목의 2주간 활동을 집계하고, 가중치를 적용해 활동점수가 산출된다.

- **앱구동 횟수** : 카페앱을 이용해 카페를 방문한 횟수
- **게시 글수** : 멤버가 작성한 게시 글수(상품등록 게시 글, 질문답변 게시 글, 간편 게시 글, 메모 게시 글 포함)
- **검색 조회수** : 검색을 통해 우리 카페를 방문한 횟수
- **댓글수** : 멤버가 작성한 댓글수
- **가입 멤버수** : 2주간 가입한 멤버수
- **조회 멤버수 New** : 게시 글 1개당 조회한 일평균 멤버수

　최근 네이버 카페는 이전에 공개했던 카페 활동점수를 비공개를 원칙으로 하고 있다. 우리 카페의 현재 활동점수와 등급상승을 위해 필요한 활동점수는 PC카페의 랭킹페이지에서 확인할 수 있다.

● 카페 상위노출

카페 상위노출은 카페등급이 높을수록 노출이 잘되므로 카페등급관리를 위해 열심히 회원들과 카페에 글, 댓글 등의 활동을 해야 한다. 한편 최적화 글쓰기가 중요하다. 최적화 글쓰기는 블로그에 준해 생각하면 된다. 제목에 키워드를 넣어서 작성해야 하고, 내용에는 제목에 들어간 키워드가 들어가며, 글자수도 많은 것이 좋고, 사진과 동영상을 넣어서 글을 쓰면 좋다.

카페가 활성화된 부동산 중개업소는 블로그보다 카페가 더 마케팅효과가 좋다고 한다. 블로그나 유튜브 등 다른 채널을 통해서 카페에 유입될 수 있도록 홍보하고, 장기적으로 카페 활동을 꾸준히 하면서 마케팅 및 소통의 채널로 활용하자.

4 이미지, 동영상 마케팅

네이버에서 검색을 하면 이미지와 동영상이 메인 화면에서 노출되고 있다. 이미지와 동영상에 노출이 되면 홍보 효과가 있으므로 무시할 수 없는 부분이다.

● **이미지 노출**

이미지는 블로그, 카페, 포스트의 글에 있는 이미지가 이미지 섹션에 노출이 된다. 이미지 섹션으로 들어가서 이미지를 클릭해서 보면 출처를 확인할 수 있다. 부동산 중개업에서 인스타그램은 브랜딩이나 마케팅 시너지 효과를 위한 도구로 활용하면 좋은 마케팅이다.

- 네이버 블로그나 카페, 네이버 포스트의 이미지가 이미지 섹션에 노출이 되려면 가장 우선은 블로그 글이 상위노출이 되어야 한다. 카페나 포스트도 마찬가지다. 본인이 운영하는 블로그, 카페, 포스트가 있다면 해당 계정을 상위노출시켜야 한다. 상위노출이 되면 이미지 섹션에 이미지가 노출될 가능성이 높다.

- 해상도가 높은 사진이 검색될 가능성이 높다. 물론 사진 편집도 최소화하는 것이 이미지가 노출될 가능성이 높다.

- 이미지 설명 글에 키워드를 사용해 설명 글을 써야 노출이 잘된다. 스마트에디터ONE 편집기로 글을 써야 이미지 설명 글을 쓸 수 있다. 스마트에디터2.0 편집기는 설명 글을 쓸 수 없으므로 노출에 불리할 가능성이 높다. 이미지 설명 글을 작성할 때 키워드를 사용하지 않고 글을 쓰는 경우가 정말 많다. 놓치지 말고 키워드를 써야 한다.

- 파일이름을 키워드로 저장하면 노출 가능성이 높다. 파일이름은 많이 놓치는 부분 중 하나인데, 키워드로 파일이름을 주면 이미지가 노출될 가능성이 높다.

자료 6-5 블로그 사진 설명

● 동영상 노출

유튜브의 영향으로 포털에서도 동영상의 중요도가 높아졌다. 스마트폰에서 검색해보면 이미지보다 동영상이 노출되는 개수가 많아졌다. 동영상 섹션에 노출되는 동영상은 네이버TV, 블로그, 카페, 유튜브, 지식인, 네이버 뉴스 등의 글에 포함된 동영상이 동영상 섹션으로 올라온다.

• 블로그나 카페 등 글이 상위노출되어야 동영상이 노출된다. 동영상 섹션도 이미지와 마찬가지로 기본적으로 글이 상위노출되어야 그 글에 포함된 동영상이 노출되는 것이다.

- 제목과 정보, 태그에 키워드를 입력해야 한다. 스마트에디터ONE 편집기로 글을 써야 동영상 올리기에서 제목, 정보, 태그를 쓸 수 있다. 스마트에디터2.0 편집기는 동영상만 올라가므로 노출에 불리할 가능성이 높다.

자료 6-6 동영상 업로드 설정

    동영상 파일명을 키워드로 저장한다. 각종 파일명은 항상 키워드로 저장하는 습관을 들이자. 상위노출 검색로직은 유동적이어서 지금은 상위노출과 무관하더라도 언제 파일명에 키워드가 상위노출에 유리하게 될지 모르는 일이다. 그 외 네이버TV 채널을 개설해서 운영해보자. 최근 유튜브의 영향으로 네이버 포털에서는 네이버TV 동영상이 노출이 더 잘되는 경향이 있다. 포털의 이미지와 동영상도 마케팅 효과를 무시할 수 없는 부분이다. 블로그, 카페, 포스트, 네이버TV 등을 운영 중이라면 조금만 신경 쓰면 노출이 잘되므로 놓치지 말자.

⑤ 스마트 플레이스 마케팅

네이버 지도 상위노출은 지역명으로 부동산을 검색할 때 아주 효과 좋은 마케팅이다. 아는 중개업소가 없는 상태로 중개업소를 검색할 때 지역명과 부동산을 조합해 검색을 많이 하기 때문이다.

● 네이버 지도 등록

네이버 지도는 국내에 있는 업체의 위치 및 전화번호 정보가 이용자에게 의미가 있다고 판단되는 경우만 등록 가능하다. 온라인을 기반으로 하는 쇼핑몰의 경우 위치 및 전화번호 정보가 유의미하다고 판단될 경우 등록 가능하다.

부동산 중개업체의 경우, 한국공인중개사협회(http://www.kar.

or.kr) 또는 국토교통부 국가공간정보포털(http://www.nsdi.go.kr)에서 확인되거나 개설 등록증을 첨부하면 업체를 등록할 수 있다.

분양사무소 및 모델하우스의 경우

- 아파트, 오피스텔 등의 분양사무소/분양안내/모델하우스는 최근 90일 내에 발급한 사업자등록증명을 첨부해야 한다.
- 사업자등록증명에 명기된 업체 정보와 등록 요청한 업체 정보가 일치해야만 등록 가능하다.
- 영업 사원은 등록할 수 없으며, 동일 건물에 여러 분양사무소 및 모델하우스를 등록할 수 없다.

본인 중개업소가 등록이 안 되어 있다면 바로 등록을 해서 마케팅으로 활용해야 한다. 스마트플레이스 사이트(https://smartplace.naver.com)를 통해 네이버 지도 검색에 업체를 등록할 수 있는 무료서비스다. 지도 등록은 등록 요청 후 네이버 운영 기준에 따라 업무일 기준 2시간에서 최대 5일 이내로 처리된다. 서비스 반영은 처리 후 하루 정도 지연되어 반영된다.

네이버 지도 검색에 등록된 업체 정보는 수정할 수 있다. 시간에 관계없이 수정을 신청할 수 있으며, 수정 요청 후 네이버 운영 기준에 따라 업무일 기준 2시간에서 최대 5일 이내에 처리된다. 수정 작업은 네이버 스마트플레이스 기준에 따라 처리되며, 서비스 반영은 수정 신청 완료 1일 후에 반영된다. 수정 신청이 완료되면 완료일로부터 1주일간 수정 신청이 제한되며, 거절되는 경우에도 마찬가지로 1주일간 재신청이 제한된다.

네이버 지도 검색에 등록된 업체정보를 삭제할 수 있다. 시간에 관계없이 언제든지 삭제할 수 있으며, 삭제 요청은 즉시 처리되고, 처리 결과는 네이버 회원 가입 시 등록한 메일과 추가 등록한 메일 주소로 발송된다. 서비스 반영은 삭제 신청 완료 1일 후에 반영된다.

네이버 스마트플레이스 서비스에 업체정보가 등록되어 있는지 확인하고, 등록 진행 상황을 조회할 수 있다. 조회 결과에 따라 등록, 수정, 삭제, 관리자 권한신청 등을 할 수 있으며, 사이트의 경우 신청을 네이버 웹마스터도구를 통해 진행할 수 있도록 개선되었다. 기존 등록한 사이트는 2016년 2월 이후 삭제만 가능하다.

관리자 권한이란 지도검색에 등록된 업체 정보 데이터를 소유 및 관리할 수 있는 권한을 의미한다. 본인의 홈페이지, 업체정보를 네이버 편집자 또는 타인이 관리하고 있는 경우, 본인이 직접 데이터를 관리하려면 '관리자 권한 신청' 절차를 통해 관리자 권한을 획득하면 된다.

기존 중개업소를 인수했을 경우, 전 대표가 지도 등록을 해놓은 경우에는 관리자 권한을 부여받아야 수정, 관리 등을 할 수 있으므로 이전 중개업소 대표가 지도 등록을 해놓은 경우에는 네이버 스마트플레이스 사이트 '관리자 권한 신청' 절차를 통해서 관리자 권한을 획득해야 한다. 그 외에도 광고대행사 등 타인의 아이디로 관리되고 있는 경우에도 본인이 직접 데이터를 관리하려면 관리자 권한 신청을 통해서 관리자 권한을 획득해야 한다.

● 네이버 지도 상위노출

네이버 지도에 상위노출되려면, 네이버 스마트 플레이스 등록 시 입력한 상호, 업종, 주소, 설명문구가 중요하다. 주소, 상호, 업종은 사업자 등록 내용으로 해야 하지만, 설명문구는 본인이 직접 입력하는 란으로 검색어, 즉 키워드를 고려해 작성하는 것이 중요하다.

블로그 리뷰수도 상위노출에 영향을 준다. 블로그 리뷰수에 집계가 되려면, 블로그나 카페 리뷰 글에 블로그와 카페에서 제공하는 지도삽입 기능을 이용해서 해당 업체 지도가 포함된 글이어야 리뷰수에 집계가 된다. 해당 업체가 지도에서 얼마나 클릭을 했는지, 클릭률과 해당 업체를 저장 기능을 활용해 얼마나 저장이 되었는지 등이 상위노출에 영향을 준다.

네이버 톡톡을 사용하게 되면 상위노출이 더 잘된다. 네이버 톡톡은 대화 위젯으로 채팅을 통해 대화와 상담할 수 있으며, 문서, 이미지, 동영상 전송도 가능하다. 네이버 앱을 통한 모바일 알림을 받을 수 있다.

● 다음 지도 등록

다음 검색등록 사이트(https://register.search.daum.net)에서 등록할 수 있다. 지도에서 상위노출되는 부동산은 마케팅 효과가 좋다. 특히, 검색을 많이 하는 지역에서는 지도의 상위노출, 리뷰 등을 잘 관리해야 한다. 지도 관리는 시간이 많이 소요되지 않는 채널이므로 놓치지 말고 관리하자.

6 네이버 포스트 마케팅

    네이버 포스트는 관심사별 태그로 원하는 정보들을 찾고, 나만의 노하우와 팁을 담은 포스트를 발행할 수 있는 서비스다. 사진, 동영상은 물론, 사운드 효과, 글감 첨부, 퀴즈 등 다양한 요소를 첨부해 풍성한 콘텐츠를 만들 수 있도록 기능이 지원된다. 포스트는 기본형과 카드형, 퀴즈형을 선택해 글을 쓸 수 있다. 기본형은 블로그와 같이 우리가 흔히 보는 형태의 글쓰기이고, 카드형은 여러 장의 카드에 글을 나눠 쓰고 카드 넘기듯이 넘겨 보는 형태다.

    카드형의 매력은 네이버 포스트에서 제공하는 레이아웃을 활용해 표지를 멋지게 만들 수 있고, 넘기는 재미와 다음 카드에 대한 궁금증이다. 퀴즈형은 재미있는 심리테스트 포스트에 유용한 템플릿이다. 전체 페이지를 미리 구상하고 시작하는 것이 좋다. 질문과 선택한 답변으로 이동하는 화면형태로 결과를 받아보는 소소한 재미가 있다. 포스트 서비스는 특정 주제로 양질의 글을 연재해주는 것을 선호한다. 검색 하단 주제별 리스트를 잘 활용해보면 좋다.

● 링크를 잘 넣었는지 확인이 필요하다

의도와 다른 페이지로 이동하거나 예상하지 못한 특정 동작을 발생시키는 낚시성 링크를 넣을 경우 스팸 필터에 의해 나쁜 문서로 분류될 수 있다. 또한 동일한 링크를 많은 포스트에 반복적으로 사용하는 경우에도 도배성 포스트로 분류되어 검색결과에 잘 노출되지 않을 수 있으니 주의해야 한다.

● 글에 적합한 이미지를 넣어야 한다

홍보성 문구를 이미지에 넣어 포스트에 첨부하면 내용과 무관하게 광고성 포스트로 인식될 수 있다. 특히나 이러한 이미지를 반복적으로 사용한다면 더욱 검색결과에 좋지 않은 영향을 줄 수 있다.

* 선명한 고품질의 이미지를 사용해야 한다. 검색이용자는 선명한 이미지를 선호하기 때문에 검색결과 상위에 위치할 가능성이 높아진다.

● 포스트 제목에 키워드를 넣어 간결하게 쓴다

예를 들어 '분당맛집'을 검색결과에 나오게 하려고 포스트 제목을 '분당맛집 제대로 된 분당맛집 분당맛집 BEST 10'이라고 쓰는 경우가 있다. 검색이용자 입장에서는 이러한 제목을 보면 어딘가 부자연스럽고 홍보성 글인 것 같은 느낌이 들어 선뜻 누르기가 망설여진다. 이렇게 인위적으로 검색어를 넣어 작성된 문서는 검색이용자의 선호도가 떨어지기 마련이고, 검색랭킹 로직에 의해 검색결과에서도 자연스럽게 뒤로 밀려난다.

* 제목은 글의 내용을 대표할 수 있는, 명확하고 간결한 것이 좋다. 검색결과에서 좋은 제목이란 검색이용자가 입력한 검색어의 의도를 이해하고, 검색이용자가 원하는 정보가 이 문서에 있음을 잘 표현할 수 있어야 한다.

● 이미지 설명과 태그를 키워드로 넣어야 한다

이미지로 포스트를 만들 경우에는 글을 쓰지 않고 발행하는 경우가 있는데, 반드시 이미지의 마지막 장 또는 하단의 해당 포스트의 요약 내용을 텍스트로 넣어야 한다. 텍스트에는 키워드를 넣어서 요약 글을 써야 한다. 텍스트가 없이 이미지만 있다면 검색이 검색노출에 한계가 있다. 태그는 많은 분들에게 글을 전파해주는 연결고리가 되므로 키워드를 반드시 신중하게 고민해서 써야 한다.

● 동시 발행 가능한 SNS채널에 공유하자

포스트 작성 후 발행 시에 블로그와 트위터에 동시 발행할 수 있다. 최근 페이스북은 동시 발행을 제한하고 있다. 콘텐츠를 다양한 SNS채널에 공유하면 마케팅 시너지 효과를 얻을 수 있다. 동시 발행은 마지막 발행을 누르면 나오는 메뉴에서 선택할 수 있다.

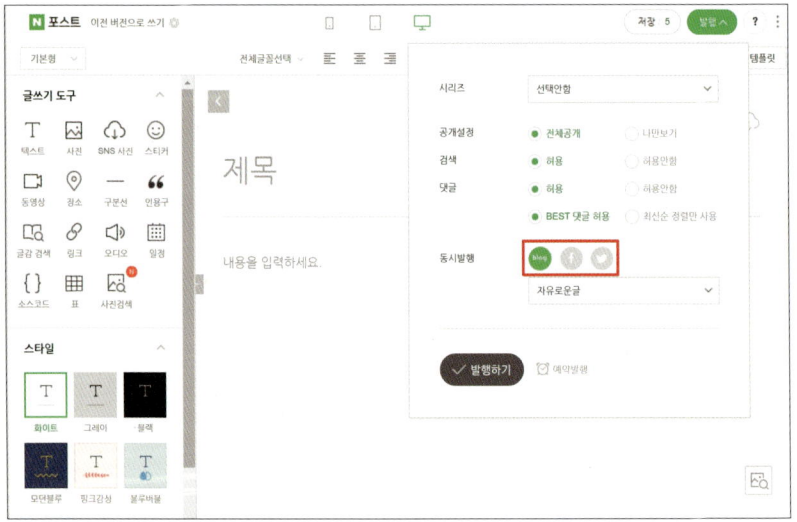

자료 6-7 네이버 포스트 설정

출처 : 네이버

블로그를 운영하고 있다면, 네이버 포스트를 운영할 수 있는 능력이 있는 분이다. SNS채널은 많을수록 마케팅 시너지효과를 발휘할 수 있으니, 포스트도 운영하는 것이 좋다.

7 인스타그램, 페이스북

● **인스타그램 마케팅**

부동산 중개업에서 인스타그램은 브랜딩이나 마케팅 시너지 효과를 위한 도구로 활용하면 좋은 마케팅이다. 인스타그램은 시각적인 콘텐츠로 사진의 퀄리티와 함께 감성적인 요소가 담겨 있어야 호응을 얻을 수 있고, 구독자가 늘어날 가능성이 높다.

인스타그램 국내 사용자는 주로 20~30대 젊은 여성이다. 미혼이나 직장인 여성 사용자가 많았지만, 최근에는 아이가 있는 워킹맘이나 주부 이용자가 늘어나고 있다. 인스타그램은 상업적인 느낌이 지나치게 강조되는 사진은 거부감을 주므로, 부동산 매물을 올려서 직접적으로 홍보하기보다는 간접적인 마케팅으로 다가가는 것이 좋다.

인스타그램은 글만 올릴 수는 없다. 무조건 사진이나 동영상과 함께 글을 추가할 수 있으며, 일상생활에서의 세련되고 감각적인 사진을 올려야 관심을 받을 수 있다. 인스타그램에서 해시태그(#)는 콘텐츠를 분류하고, 검색하는 키워드의 역할을 하기 때문에 해시태그를 적극적으로 활용해야 하며, 해시태그를 통해 고객을 찾아서 홍보할 수도 있다.

스마트폰에서 인스타그램 어플 실행 후 간단한 가입절차로 회원 가입이 가능하다. 인스타그램은 스마트폰 전용 채널로 가입이 간편하고, 운영도 쉽다. 인스타그램은 실명이 아니어도 가입 가능하며, 이메일만 중복되지 않으면 1대의 모바일기기로 5개의 계정을 만들 수 있다.

자료 6-8 인스타그램 프로필

출처 : 인스타그램

개인개정으로 이용해도 되지만, 비즈니스 계정인 프로페셔널 계정으로 전환해 사용하면 전화연결 기능도 있고, 프로필을 통해 본인이 운영하는 블로그나 홈페이지 등 사이트 주소 링크가 가능하며, 인사이트 통계 기능을 활용해 인스타그램 운영에 활용할 수 있다. 페이스북 계정과 연동하면 나의 페이스북 친구가 사용하는 인스타그램 계정을 찾을 수 있으므로 소통하고 싶은 사용자의 인스타그램을 찾아 팔로우하고 소통하면 된다.

인스타그램에서 팔로워를 늘리는 방법은 부동산 관련 해시태그로 검색해 관심 있는 이용자를 내가 먼저 팔로우해야 한다. 좋아요나 댓글을 달아주고 관심을 준다면 맞팔(서로 팔로우하는 것)을 해올 가능성이 높아진다. 또한, 부동산 키워드는 해시태그를 적극적으로 활용해야 한다. 인스타그램은 직접적인 광고보다는 간접적으로 블로그 등 내가 운영하는 사이트로 유도하고, 브랜드 마케팅으로 활용하면 좋다.

● 페이스북 마케팅

페이스북 마케팅도 부동산 중개업의 브랜딩이나 시너지 효과를 위한 수단으로 활용하면 좋다. 페이스북은 실명으로 1인 1계정만 만들 수 있다. 페이스북은 불특정 다수에게 일방적으로 마케팅하는 것이 아니라, 내 비즈니스에 맞는 사람들을 특정해 마케팅하는 타깃 마케팅이 가능하다.

페이스북 페이지는 반드시 만들어야 한다. 페이스북 앱 목록메뉴에서 페이지를 눌러서 간단하게 만들 수 있다. 페이스북 페이지는 개인 프로필과 유사하게 기업이나 브랜드에 대한 커뮤니티용 홈페이지를 가리키는 것으로 브랜드 계정이라고 할 수 있다.

페이스북 개인 프로필에 올린 게시물은 기본적으로 친구 관계를 맺은 지인들에게 노출되며, 페이스북 그룹에 올린 글도 가입한 멤버에게만 보이는 게 기본 원칙이다. 공개 그룹에 한해서 멤버가 아니어도 게시물 내용을 볼 수 있지만, 글을 작성해서 올리는 것은 허용되지 않는다. 그러나 페이스북 페이지 게시물은 인터넷 사용자 모두에게 공개된다. 로그인하지 않은 사람에도 공개되고, 페이스북 회원이 아니어도 검색 가능하고, 공유할 수 있도록 열려 있다.

페이스북의 그룹은 관심사가 같은 사람들의 집단이라고 할 수 있다. 네이버 카페처럼 그룹에 가입해서 활동할 수 있고, 본인이 직접 그룹을 만들 수도 있다. 부동산과 관련된 그룹을 찾아서 가입 후 활동을 하면 좋다.

페이스북의 글쓰기는 비즈니스, 즉 매물 홍보 위주의 글만 써서는 안 된다. 개인적인 글과 공감할 수 있는 글을 많이 써야 하고, 부동산 매물과 관련 글을 10~20% 이내로 쓰는 것이 좋다. 페이스북 글에 해시태그(#)와 태그(@) 기능을 활용해 검색과 노출이 많이 될 수 있도록 하는 것이 좋다.

인스타그램과 페이스북을 통한 마케팅은 직접적인 홍보보다는 브랜딩이나 장기적인 마케팅 도구로 마케팅 시너지 효과에 좋다.

불황에도 매출 10배 올리는
상위 1% 공인중개사의 마케팅 비법

제1판 1쇄 2020년 2월 10일
제1판 3쇄 2022년 9월 25일

지은이 이미란, 강숙현
펴낸이 서정희 　　　　**펴낸 곳** 매경출판(주)
기획제작 ㈜두드림미디어
책임편집 배성분　　　　**디자인** 노경녀 n1004n@hanmail.net
마케팅 김익겸, 한동우, 장하라

매경출판㈜
등록 2003년 4월 24일(No. 2-3759)
주소 (04557) 서울특별시 중구 충무로 2(필동 1가) 매일경제 별관 2층 매경출판㈜
홈페이지 www.mkbook.co.kr
전화 02)333-3577
이메일 dodreamedia@naver.com(원고 투고 및 출판 관련 문의)
인쇄·제본 ㈜M-print 031)8071-0961
ISBN 979-11-6484-075-3　03320

책 내용에 관한 궁금증은 표지 앞날개에 있는 저자의 이메일이나
저자의 각종 SNS 연락처로 문의해주시길 바랍니다.

책값은 뒤표지에 있습니다.
파본은 구입하신 서점에서 교환해드립니다.

이 도서의 국립중앙도서관 출판예정도서목록(CIP)은 서지정보유통지원시스템 홈페이지
(http://seoji.nl.go.kr)와 국가자료공동목록시스템(http://www.nl.go.kr/kolisnet)에서
이용하실 수 있습니다.
(CIP제어번호 : CIP2020003172)

📍 부동산 도서 목록 📍

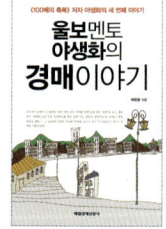

㈜두드림미디어 카페
(https://cafe.naver.com/dodreamedia)

Tel : 02-333-3577
E-mail : dodreamedia@naver.com